natural
running

더 빠르고, 부상없이 건강하게 달리는 쉬운 방법

내츄럴 러닝

natural running

초판 1쇄 인쇄 2013년 12월 16일
초판 1쇄 발행 2013년 12월 23일

옮긴이	서 한 석
지은이	대니 앱쉬어·브라이언 메츨러
펴낸이	손 형 국
펴낸곳	(주)북랩
출판등록	2004. 12. 1(제2012-000051호)
주소	서울시 금천구 가산디지털 1로 168, 우림라이온스밸리 B동 B113, 114호
홈페이지	www.book.co.kr
전화번호	(02)2026-5777
팩스	(02)2026-5747
ISBN	979-11-5585-070-1 13690 (종이책)
	979-11-5585-071-8 15690 (전자책)

이 책의 판권은 지은이와 (주)북랩에 있습니다.
내용의 일부와 전부를 무단 전재하거나 복제를 금합니다.

이 도서의 국립중앙도서관 출판시도서목록(CIP)은 서지정보유통지원시스템 홈페이지(http://seoji.nl.go.kr)와
국가자료공동목록시스템(http://www.nl.go.kr/kolisnet)에서 이용하실 수 있습니다.
(CIP제어번호 : 2013026831)

natural running

더 빠르고, 부상없이 건강하게 달리는 쉬운 방법

내츄럴 러닝

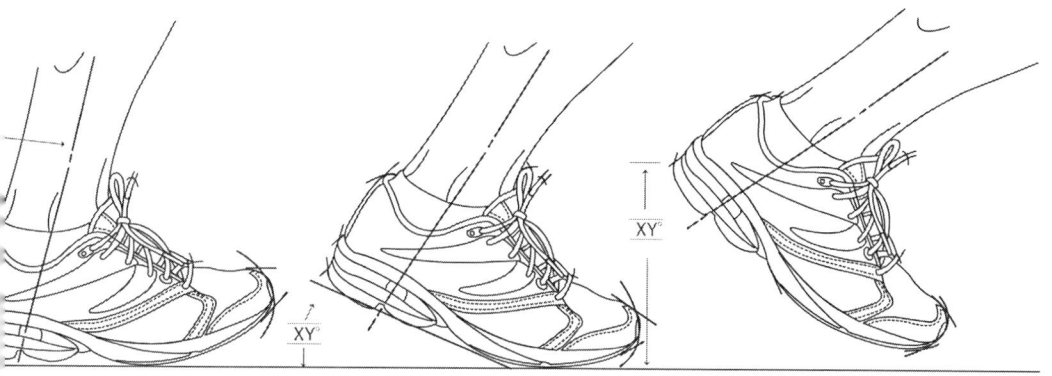

DISCOVER HOW YOU WERE MEANT TO RUN

대니 앱쉬어
브라이언 메츨러 공저
서한석 옮김

book Lab

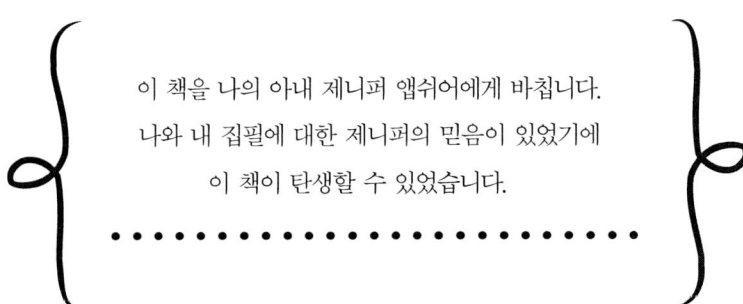

이 책을 나의 아내 제니퍼 앱쉬어에게 바칩니다.
나와 내 집필에 대한 제니퍼의 믿음이 있었기에
이 책이 탄생할 수 있었습니다.

차례

추천의 글　006

감사의 말　008

도입부: 달리기 혁명을 향한 발전　009

1장 자연스러운 달리기란 무엇인가?　019
2장 스포츠와 신발의 발전　037
3장 연구실 속으로: 달리기 방식 측정　065
4장 움직임의 과학: 세 가지 보행 방식　083
5장 생체역학으로 보는 발: 정밀한 검사　098
6장 물리학적으로 보는 달리기: 전신 운동학　119
7장 일반적인 달리기 부상을 보는 새로운 방법　142
8장 자연스러운 달리기와 비자연적인 환경　160
9장 역동적인 힘과 달리기 방식 훈련　174
10장 자연스러운 달리기: 8주 변화 프로그램　207

추천의 글

내가 대니 앱쉬어를 만난 것은 1993년이었다. 이 당시 나는 발목의 심각한 피로골절 때문에 철인 삼종 경기에서의 선수 경력은 끝난 것이나 다름없었다. 앞으로는 더 이상 세계적인 대회에는 출전할 수 없을 것이라는 말을 무수히 많이 들었다. 그 때 한 친구가 콜로라도 주 볼더에 위치한 대니의 액티브 임프린트 회사를 소개해주면서 어떻게 본인이 도움을 받았는지 말해주었다. 물리 치료, 레이저 치료, 약물 치료에 시달리며 절망 속에 빠져있던 나는 곧장 대니를 만나기 위해 볼더로 향했다.

대니는 놀랍게도 논리적 측정을 통해서 여태껏 그 누구도 보지 못했던 부분을 빠르고 쉽게 발견해냈다. 대니는 생체역학적이면서 구조적인 측정을 통해 균형이 맞지 않는 나의 앞발에 가벼운 지지대를 대주었고 이것을 통해 나는 6개월 동안 선수 경력에 대한 걱정과 치료를 받던 고통 모두를 잊을 수 있었다. 불과 몇 주 전만 하더라도 대회에 다시는 참가할 수 없을 것이라고 진단 받았지만 대니를 만난 지 2개월 만에 제6회 아이언 맨 세계 대회에 참가하는 무엇보다도 값진 결과를 얻을 수 있었다. 그 후에도 세 개의 대회를 참가하고 부상 없이 달리기를 할 수 있었다.

나는 멀티스포츠 닷컴이 미국에서 주최하는 훈련 캠프에 초청

연사이자 달리기 방식 코치 및 운동역학 강사로 대니를 초청했다. 이곳에서 그가 연령대별 달리기 선수와 철인 경기 선수들이 과하게 움직이는 것을 막고 안전하게 착지하며 궁극적으로는 효과적으로 달릴 수 있도록 조언해주기를 바랐다. 수천 명의 선수들은 대니의 강연에 집중하며 감명을 받았고 동시에 자신들의 몸과 마음에 적절하게 귀를 기울일 수 있었다.

나와 대니는 현재까지도 좋은 인연을 이어오고 있다. 생체역학 적인 것들을 천부적으로 이해하는 사람을 알고 지낸다는 것은 엄청난 행운이 아닐 수 없다. 나는 대니가 천차만별의 실력을 지닌 많은 선수들을 그들이 원하는 목표를 성취할 수 있도록 만드는 모습을 보아왔다. 대니는 옛날이나 지금이나 내게 많은 감명을 주고 있다.

대니가 수많은 사람들에게 해온 것처럼 이 책은 당신이 현재 뛰는 습관에 대해서 다시 생각해보고, 마음을 열어서 당신이 원하는 것처럼 효율적이고 자연스럽게 뛰는 사람이 되도록 만들어 줄 것이라고 생각한다.

나의 선수 경력 및 코치 경력과 내 이야기는 대니 앱쉬어를 빼놓고는 절대로 말할 수 없을 것이다.

Paula Newby-Fraser

감사의 글

내 부인을 제외하면 제리 리처럼 날 믿어준 사람은 없을 것이다. 제리와 제리의 부인 도나는 자연스러운 달리기를 위한 러닝화를 만드는 회사 설립을 도와준 헌신적인 사람들이다. 우리는 전 세계에 있는 선수들이 더 즐겁게 달리고 부상은 덜 당하기를 바랐다. 제리, 도나 리 가족 재단 덕분에 뉴턴은 사회 환원에 더 다가가며 세계 환원에 중점을 둔 회사가 될 수 있었다.

1993년부터 멀티스포츠닷컴 훈련캠프의 코치들과 선수들은 나에 대해 믿음을 가져 주었고 내가 생체역학적으로 달리고, 부상을 예방하며 달리는 방식을 소개하고 알릴 수 있도록 격려해주었다. 특히 우리 액티브 임프린트 회사의 지지대를 통해 그들의 선수 생활에 활력을 불어 넣고, 수천 명의 선수와 코치들 앞에 서서 강연할 수 있도록 도와준 파울라 뉴비 프레이져, 폴 허들, 헤더 퍼, 로치 프레이, 그리고 지미 리치텔로에게 감사의 말을 전한다. 그들은 또한 우리 뉴턴러닝화를 처음으로 신어 본 사람들이기도 하다.

또한 이 책을 집필하는데 기술적인 용어를 비롯하여 귀중한 자문을 해준 브라이언 메츨러에게도 감사를 표하고 싶다.

마지막으로 더 자연스러운 달리기 방식을 선수들이 체득하도록 일하고 있는 전 세계의 모든 코치들에게 감사의 말을 전하고 싶다. 계속 앞으로도 그렇게 해주길 바란다.

서문: 달리기 혁명을 향한 발전

나는 평생 동안 달리기 선수였다. 거꾸로 거슬러 가보면 테네시 주에서 자연 속에서 움직이는 자유와 아무런 제약을 받지 않고 달리면서 흥분하고 나무를 뛰어 넘으며 숲을 가로질러 달리던 어린 시절 때부터 달려왔던 것 같다. 중학교 때 경주 트랙에서 스파이크가 달린 신발을 신고 질주하면서 느낀 즐거움도 생생하게 기억 속에 남아있다. 고등학교 때는 출발하기 전 앞으로 쓰러질 듯 수그리고 속력을 높여 짧은 거리를 최대한 빠르게 달리려는 그 움직임의 쾌감을 느끼며 사람이 만든 트랙을 가로지르던 것이 떠오른다.

이윽고, 나는 단거리와는 정반대인 장거리를 연습하면서 많은 거리를 뛰는 평온한 도전에 대해 알게 되었다. 처음으로 5마일짜리 경주를 참가했을 때 나는 즐겁게 뛰면서 최대한의 에너지를 다 사용했다. 그 때 처음으로 마음먹기에 따라 자신이 생각하는 신체 능력 그 이상의 힘을 발휘할 수 있다는 것을 느낄 수 있었다. 피곤함이나 아픈 것은 금세 잊었고 대신 경주에 도전한 기쁨과 달릴 때의 평온함, 희열을 즐겼다. 그것은 여태껏 느낄 수 없던 감정이었고 그 감정에 나는 매료되었다. '포레스트 검프'의 주인공처럼 나는 항상 빨리 뛰고 싶어 했고 달리기에 대한 생각에 온종일 사로잡혀 있었다.

1975년에 고등학교를 졸업하고 여느 십대처럼 앞으로 무엇을 하고 싶은지를 잘 몰랐다. 내 친구가 최근에 자신이 다녀온 콜로라도의 이곳을 알려주었고, 그 곳은 마치 일을 잡고 내 인생에서 무엇을 해야 할지 고민하기 전에 휴식을 취할 수 있는 곳처럼 들렸다. 그래서 나는 300달러에 내 자동차를 팔고 콜로라도 주의 아스펜으로 떠났다.

산악 지대에 사는 대부분의 거주민들처럼 나는 스키의 속도감과 자유로움에 푹 빠져있었다. 내 룸메이트인 칩 시몬스는 완벽한 자세로 스키를 자유자재로 즐겨서 다른 사람들이 보기에는 스키 타는 것이 굉장히 쉬워 보였을 것이다. 나는 그에게 외상으로 스키를 배우기로 했다.

스키를 배우는 첫 날 그는 산꼭대기로 나를 데려가서 부상을 당하지 않으려면 자기 말에 귀를 기울이라고 말했다. 칩은 "너의 중심이 어디 있는지 아니?"라고 물었다. 나는 그가 무슨 말을 하는 지 전혀 알아듣지 못했다. "네 몸의 중심 말이야." 그는 나에게 눈을 감으라고 말하면서 내 몸의 수직선상에서 중심점을 상상해보라고 말했다. 나는 그의 말을 따라서 눈을 감았다. 내 몸의 중심은 배꼽이나 그 아래 어딘가에 위치한 것 같다고 그에게 말했다.

그는 동의하면서 나에게 똑바로 서서 무릎을 고정하고 스키 신은 발을 모으라고 했다. 그리고 내가 중심을 잡았는지를 물었다. 나는 그렇다고 말하자 그는 내 어깨를 손으로 살짝 밀어 내가 눈 위에 고꾸라지게 만들었다. "무슨 짓이야, 칩? 사람들이 이렇게 스키를 배우는 거라면 정말 어이가 없다." 나는 그에게 말했고 그는 웃으면서 내가 설 수 있게 도와주었다. 그는 나에게 발을 어깨 넓이로 벌리고 발목과 무릎을 유연하게 구부리며 팔꿈치는 90도 각도로 구부리며 정면을 응시하라고 했다. 그는 내 어깨를 잡으며 나를 누르려고 했지만 내가 중심을 잡고 균형 있게 서 있어서 나는 균형을 유지할 수 있었고 그가 넘어뜨리려는 것을 버틸 수 있었다. 그는 나를 보며 테네시에서 온 녀석이 빠르게 배운다고 웃었다.

나는 여러 번 넘어지기는 했지만 그 날 스키 타는 것을 마칠 때쯤에는 아스펜의 상급 코스를 도전할 정도가 되었다. 나를 눈 속으로 고꾸라지게 만든 칩의 가르침 덕분에 나는 눈에서 살아남기 위한 스키를 배웠고 적절한 자세와 기술을 익힐 수 있었다.

처음에는 스키 대여점에서 일을 잡았고 그 다음에는 판매, 스키 장비 수리를 거쳐 최종적으로는 스키화 전문가로서 일을 했다. 스키화 전문가는 원래 고객들에게 맞는 신발을 제공하여 스키를 탈 때 편할 수 있도록 돕는 것이지만 매년 스키화에 불편함과 고통 심지어 분노까지 느끼는 사람들 때문에 대부분에게는 별로 흥미로운 직업이 아니었다. 하지만 나에게 이 직업은 쉽지는 않지만 퍼즐처럼 개인에게 맞는 신발을 찾아주는 재미가 있었다.

일을 처음 시작할 때 나는 발을 각각의 특성이 있으면서도 왼발과 오른발의 차이가 없는 것으로 보았고 발의 앞, 뒤꿈치가 안정될 수 있도록 했다. 또 무릎을 구부린 각도가 무릎의 중심이 발과 스키의 중심보다 앞에 있도록 하고 그렇게 새롭게 균형 잡힌 발에 맞도록 스키화를 제작했다.

다른 전문가에게도 조언을 구하기도 했지만 스키를 생체역학을 통해 연구하고 이를 바탕으로 나만의 기술을 개발했다. 나는 스키를 잘 타려면 스키에 발을 평평하게 얹는 것부터 시작한다는 단순한 생각을 가지고 접근했다. 발굽과 발볼이 균형에 맞게 위치해야 한다는 것이다. 이것이 되지 않는다면 좌우 방향 전환이나 스키 가장자리를 눌러서 빠르게 멈추는 것이 굉장히 어려워진다.

발의 능력에 대해서 시작한 나의 관심은 균형 잡힌 발과 운동선수의 포지션이 운동 경기에 중요할 뿐만 아니라 계단을 오르는 것부터 낙엽을 쓰는 이런 일상적인 활동에도 필요하다는 것을 알게 만들었다. 나는 손에 꼽는 스키화 전문가 및 스키 안창 맞춤 제작자와 함께 일할 기회를 가질 수 있었다. 십 년 동안 겨울에는 스키를 타며 스키화를 제작하고 안창을 만들었고 여름에는 이상한 일을 하거나 달리기에 대해 집중을 하며 보냈다. 한창 달리기 열풍이 불고 장거리 달리기 대회가 속속들이 생겨나면서 나는 내 첫 번째 마라톤 대회 출전을 위한 준비에 몰두했다.

신발 역시 변화하고 있었다. 러닝화는 딱딱한 도로에서의 충격으로부터 운동선수들을 보호할 에어나 젤 같은 것들이 안창 중간에 들어가면서 굽이 높아지고 점점 부드러워졌다. 굽이 높아지면서 생긴 현상으로 많은 선수들은 뛸 때 뒤꿈치를 먼저 내딛게 되었다. 그것은 발목이 안쪽, 바깥쪽으로 표면에 따라 움직이게 만들어 우리 두뇌가 땅의 표면에 따라 어떻게 몸을 움직여야 하는지에 대한 판단을 느리게 만들었다. 발목의 과회내 작용과 외전운동은 당연히 선수들에게 안 좋은 영향을 미쳤다. (과회내 작용과 외전 운동에 관해서는 2장에서 더 자세히 다룰 것이다.)

실제로 나의 달리기 방식이 바뀌면서 나는 족저근막염이라는 부상을 입게 되었고 이로 인해 달리는 사람들이 신발을 통해서 좀 더 보호되어야 하는 것은 아닌가라는 의문을 가지게 되었다. 나는 의료 제품 업계에서 만드는 발 뒤에 초점을 둔 딱딱한 지지대가 필요한 것이 아닌 내가 스키 타는 사람들을 위해 만들었던 균형 잡힌 스키 안창 같은 그런 무언가가 필요하지 않을까 추측했다. 그렇게 거꾸로 생각해보니 몸의 중심을 잡고 균형을 잡는 것이 달리기를 포함한 모든 운동의 가장 중요한 시작점이라는 것을 깨달을 수 있었다.

달리기에 관한 생체 역학적인 이해는 내가 처음으로 그랜드 교차로에서 열린 콜로라도 마라톤을 참가했던 1984년에 시작되었다. 그 당시 마라톤 대회에는 오늘날과 같이 많은 관중들이 모이지 않았고 약 150명의 선수들이 도시를 벗어나 콜로라도 서부의 조용하고 황량한 바위 메사 지역으로 달리는 대회였다. 나는 3시간 이내로 완주하는 것을 목표로 삼았지만 외곽의 사막 고속도로에 있는 돌멩이 모서리들이 방해가 되기 시작했다. 나는 심적으로나 육체적으로 매우 불편했고 계속해서 이 끊임없는 경사로에서 평평한 부분을 찾고자 노력했다. 20마일 정도 지났을 때 시간은 2시간 55분 정도 경과했지만 속도가 떨어졌다.

나는 도로의 경사로 인해 발 안쪽이 너무 많이 꺾이면서 장경인대 쪽이 당기는 것을 느꼈고 22마일쯤 갔을 때 매우 웅크릴 수밖에 없었다. 오른쪽을 절뚝거리며 체중을 나의 왼쪽 다리에 실었고 세 시간 안에 완주를 하겠다는 목표를 계속해서 상기했다. 왼쪽으로 실린 나의 체중은 좌측의 내측 발목에 역시 무리를 가했다. 나중에서야 나는 '과잉보상'이라는 심리학적 용어를 깨달을 수 있었다.

나는 3시간 12분 만에 마라톤을 완주했지만 발목과 무릎에 아이스 팩을 붙이고 스키 폴을 목발 삼아 일주일 넘게 걸어 다녀야만 했다. 이런 고통을 통해서 자연스럽든, 자연스럽지 않든 간에 발의 각도가 몸 전체의 균형에 문제를 불러일으킨다는 것을 알 수 있었다. 어떤 문제에 대한 과잉 보상 심리가 다른 문제를 불러일으켰고, 그날 나는 집으로 돌아가자마자 달리기를 할 때 발을 도와줄 수 있는 오목한 받침대를 처음으로 만들어보았다.

같은 해에 나는 후일 나의 아내가 될 캐나다에서 온 제니퍼를 만났다. 우리는 2년 후 결혼했고 발을 위한 서비스 회사인 액티브 임프린트를 세우기 위해 아스펜에서 볼더로 1988년 이사했다. 우리는 모든 운동을 위한 신발뿐 아니라 일상화나 작업화 등도 만들었고, 콜로라도대학 운동부에 우리의 서비스를 홍보했다. 그 결과 우리는 곧 콜로라도대학의 미식축구, 스키, 육상 선수들에게 서비스를 제공하게 되었다.

우리의 첫 번째 과제는 한 시간 이내로 어떠한 종목이든 간에 가벼운 신발을 맞춤 제작할 수 있도록 제품을 개발하는 것이었다. 운동 종목에 관계없이 적절하게 몸이 정렬되고 최고의 힘을 끌어내면서 회전력을 억제시키기 위해서는 발의 균형이 잡혀있어야만 한다. 나와 제니퍼가 볼더로 모여든 세계 정상급 선수 여러 명과 알고 지내게 될 때까지는 그리 오래 걸리지 않았다.

나는 또한 가벼우면서도 더 유연하여 앞발을 교정하는 것의 이점을 알고 부상을 당한 선수나 고객에게 우리를 소개해주는 질병 전문가, 정형외과 의사, 물리 치료사, 척추 지압사, 마사지 치료사 등과도 함께 했다. 제니퍼와 나는 덴버에 있는 병원에서 부상 예방과 발 보호법 그리고 부상에 따른 러닝화 선택에 관해서 강연을 할 수 있게 초청받았다. 우리는 또한 달리기 방식과 발의 생체 역학에 대해서 연구하는 훈련 캠프에서도 일했다.

우리는 특정한 부상의 경우 치료 방법에 대해 자문을 구했던 수많은 세계 정상급 선수들의 재활을 도왔다. 나는 1991년 처음으로 뉴질랜드 출신의 로레인 몰러를 만났다. 로레인 몰러는 발의 아치가 굉장히 올라가 있었고 수년간의 장거리 달리기로 인해 아킬레스건의 힘줄이 굉장히 경직되어 있었다. 그녀가 처음 나를 찾아왔을 때 그녀는 발뒤꿈치 통증 증후군을 겪고 있었고 뼈가 현저히 드러나 있었으며, 그것을 감추고 통증을 피하기 위해 뒤꿈치뼈가 올라가고 안쪽으로 휘어 있었던 것이다.

엑스레이 촬영 결과 그녀는 아킬레스건의 1/2인치 정도가 부어있었다. 올림픽 출전 선수인 그녀에게는 두 가지 선택권 밖에 없었다. 달리기를 그만두고 돌출 부분을 제거하는 것과 제거한 후 재활을 통해 다음 바르셀로나 올림픽을 준비하는 것이었다. 물론, 그녀에게 달리기 그만두라는 것은 선택권 자체도 아니었다.

내적인 치료와 외적으로는 걷기, 물 속 걷기 그리고 달리기 기본 훈련까지 회복 과정은 천천히 진행되었다. 나는 힘줄의 부담을 덜어주고 발뒤꿈치도 점차적으로 내려줄 만한 높이부터 그녀의 발 치료를 도왔다. 끈기 있고 인내하는 선수인 로레인은 그녀에게 필요한 것 이외에는 절대로 하지 않았다. 그녀의 이런 끈기와 인내, 회복에 대한 노력은 그녀로 하여금 바르셀로나에서 열린 대회에 동메달을 차지하는 값진 결과를 가져다주었다. 이 놀라운 달리기 선수는 올림픽에 4회나 출전했고 37세의 나이로 1992년 바르셀로나 올림픽 동메달을 목에 걸었고, 41세의 나이로 애틀랜타 올림픽까지 출전했다.

로레인을 비롯해 그녀 같은 선수들은 나를 감동시켰다. 이러한 감동을 통해 선수들이 최적의 몸 상태가 될 수 있게 돕고, 부상을 예방하고, 궁극적으로는 날리는 슬거움을 가질 수 있도록 도와주는 이 직업에 나는 모든 열정을 쏟아 부을 수 있었다. 무엇보다도 즐거움이 우리가 뛰는 이유가 아닌가? 이런 동기는 사람들이 더 효율적으로, 빠르게, 부상 없이 뛸 수 있도록 도와주는 가벼운 지지대와 러닝화를 고안해내도록 만들기도 했다.

선수들이 더 잘하고 부상의 위험에서 멀어지도록 하는 일련의 과정에서 완벽한 방법은 없지만 우리는 최적의 달리기 메커니즘을 통해 더 잘 달릴 수 있도록 연구해왔다. 1990년대까지 나는 달리는 방식, 발 유형, 최소한의 움직임 범위라는 이 세 가지 주제에 대해 연구해왔다. 이 책에서 자세하게 다룰 이 세 가지는 제동력, 회전력, 추진력으로부터 비롯되는 일반적인 부상들을 예방하고 이해하는 데 중요한 요소이다.

수년간의 연구와 개발 끝에 나는 물리학과 자연스러운 달리기 방법에 대한 생체 역학을 바탕으로 한 최초의 러닝화를 만들겠다는 명확한 목표를 가지고 2007년에 뉴턴러닝을 공동 설립했다. 나는 또한 우리 뉴턴러닝이 사람들이 달리는 법을 다시 배우거나 혹은 새로 배우는 방법으로써 자연스러운 달리기 방법을 가르치는 최초의 회사가 되기를 원했다. 창업한 지 3년 후 우리는 달리기 선수들이 개인 기록을 경신하게 도왔고, 더 건강하게 뛸 수 있게 도왔으며 크레그 알렉산더가 세계 철인 3종 대회에서 우승하도록 도왔다. 물론 그의 우승과 많은 선수들의 승리에 도움을 준 것도 기쁘지만, 우리의 신발과 자연스럽게 달리는 법이 그들의 달리기를 얼마나 향상시켰는지에 대한 감사의 이메일을 보내오는 수천 명의 고객들을 보면 매우 자랑스럽다.

부분적으로 최근의 연구 결과와 흐름을 보여주고 있지만 이 책은 30년간 과학적인 정보와 논리 그리고 수천 명의 선수들의 발과 생체역학 그리고 부상 패턴을 통해서 축적한 데이터뿐만 아니라 뉴턴러닝에서 개발한 혁신적인 신발을 선수들에게 착용하면서 얻은 자료도 포함하고 있다.

자연스러운 달리기는 사람들이 더 잘, 효율적으로, 적은 부상의 위험 속에서 달릴 수 있도록 가르치는 것이다. 오늘날은 이전에는 볼 수 없을 만큼 많은 사람들이 달리기를 하고 있고, 기본적인 운동으로 달리기를 하고 있으며 거리 또한 5km, 10km, 하프 마라톤, 마라톤, 철인 경기 등으로 다양해지고 있다. 하지만 1970년대 이래로 러닝화가 계속 개발되고 있지만 달리기 선수들의 부상은 줄어들지 않고 있다.

이 책에서 나의 목표는 전반적인 산업을 바꾸려고 하는 것이 아니라 달리기를 하는 독자들을 일깨워 주고 달리기를 향상할 수 있도록 길을 제시해주는 것이다. 절대로 기적 같은 치료법이나 훈련을 빨리 마치는 법, 부상에 대한 면역력을 길러주는 것은 아니다. 하지만 러닝화에 대한 자세한 연구, 발의 생체 역학과 움직임의 과학, 달리기에 관한 물리학을 통해 건강하게 달리고 궁극적으로는 즐겁게 달리고, 선수 생명을 연장하며 경기 기록을 단축시킬 수 있는 필수적인 요소들을 제공하고 있다. 내가 무엇보다도 정말 원하는 것은 이 책을 통해 내가 전달하고자 하는 열정, 경험, 통찰 등을 통해 당신이 자연스러운 달리기에 대한 즐거움을 발견하고 느끼는 것이다.

1장

자연스러운 달리기란 무엇인가?

달리기는 사람이 하는 가장 자연스러운 행동 중 하나이다. 말 그대로 우리는 달리기 위해 태어났다. 생존을 위해 뛰어야만 했던 선사시대부터 건강을 위해 도로를 달리고, 즐거움을 찾기 위해 달리는 오늘날에 이르기까지 달리기는 우리 근간의 일부분이었다. 달리면서 느끼는 만족감과 행복은 가히 비할 곳이 없다. 당신의 얼굴에 스치는 바람과 먼지들 속에서 달리기는 희열, 평온함, 초월감 등을 느끼게 해준다.

만약 이렇게 달리기가 자연스러운 것이라면 왜 많은 선수들은 결국 부업으로 달리기를 삼게 되는 것일까? 왜 달리기 인구는 줄어드는 것일까? 훈련 프로그램이나 신발, 장비들이 엄청나게 발달하여 달리기 인구가 폭발적으로 증가하던 1970년대에 비한다면 달리기하는 사람들에게는 엄청나게 많은 도움이 되고 있다. 그렇다면 왜 마라톤 완주 시간의 중간 값은 점점 더 늦어지는 것이고 전보다 왜 많은 사람들이 부상을 입는 것일까? 미국 운동 의사회는 매년 37~50%의 선수가 훈련을 줄이거나 그만둬야 할 정도의 심각한 부

상을 입거나 의료 관리를 받는다고 발표했다. (윌크 외, 2009; 반 메첼렌, 1994)

37~50%의 비율은 미국 달리기 인구 약 4,400만 명(2009년 미국스포츠용품제조업자협회 조사) 중 1,600만~2,200만 명의 선수들이 매년 부상을 당한다는 이야기이다. 1989년 조사를 비교해 보면 48%의 선수들이 부상을 매년 겪었다고 한다(반 미들쿱 외, 2008). 20년 동안 신발과 훈련 계획에는 발전이 있었는데 왜 부상 입은 숫자는 변화가 없을까? 무엇 때문일까?

당신의 목표가 마라톤 대회에서 개인 기록을 갱신하는 것이든 건강을 위해서 일주일에 몇 차례 조깅을 하는 것이든 간에 달리기라는 가장 기초적이고, 정말 자연스러우면서 즐거운 이 활동을 즐기는 데는 확실히 더 나은, 더 건강한 방법이 있다.

달리기를 할 때 더 나은 방법이 있다. 이것은 바로 자연스러운 달리기라 불리는 것이고 이는 당신의 신체는 원래 순수하게, 효율적으로, 제약 없이 뛰는 것을 바탕으로 하는 방법이다.

자연스러운 달리기는 새로운 개념이 전혀 아니다. 실제로 최초의 네안데르탈인이 있었던 시절까지 거꾸로 거슬러 올라갈 수 있다. 선사시대 때 영양분을 찾아 맨발로 다녔던 그들은 지금보다 훨씬 꼿꼿한 자세로 간결하게 팔을 흔들면서 빠른 발걸음과 땅을 내디딜 때 뒤꿈치가 아닌 중간 부분에 힘을 실어서 움직였다. 이것은 맨발이나 혹은 동물의 가죽으로 얇고 느슨하게 만든 슬리퍼를 신고 다녔기 때문이라는 것을 알 수 있다. 2백만 년에 걸친 진화에도 우리가 달리는 것은 변하지 않았다. 하버드에서 뼈대 생물학 연구소에서 일하며 맨발로 달리는 것에 대한 연구를 진행한 진화 생물학자인 다니엘 리베르만에 교수에 따르면 사람 몸 구조는 그렇게 많이 진화하지는 않았다고 한다. 2010년 연구에서 그는 인간은 자연스럽게 달리는 능력을 잃어버렸다고 했다. 그의 연구는 인간은 신발보다 맨발로 달리기를 했을 때 충격을 덜 받으면서 더 효율적으로 달릴 수 있다고 주장하는 최근의 연구 중 하나였다.

 문제는 우리가 자연스럽게 달리는 것을 잊어버렸다는 것이 아니다. 오히려 문제는 우리가 주로 달리는 곳의 딱딱한 표면과 러닝화의 디자인 같이 현대 사회에서 부자연스러운 것들의 희생양이 되어버렸다는 점이다. 하지만 다행스러운 것은 우리가 자연스러운 달리기 방식을 이해하고 다시 받아들이면 원래의 기능을 회복할 수 있다는 점이다.

그림 **1.1** ㅣ 이 소년은 가장 인간 본연의 자연스러운 방법으로 물 위를 달리고 있다.

당신이 축구 경기장의 부드러운 잔디나 해변에서 촉촉하게 젖어 있는 모래 위를 맨발로 뛰어가는 것을 상상해보아라(그림 1-1). 좋은 기분이 들지 않은가? 당신이 달리기 선수로서 얼마나 경험을 했고, 얼마나 빨리 달렸는지 혹은 현재 체력이 어느 정도인가는 관계없이 인생에서 단순했던 시간으로 돌아갈 것이다. 그저 자연스럽게, 부드럽게, 효율적으로 달리는 것이다. 그 이상도 그 이하의 것도 필요하지 않다. 몸은 자유롭고 쉽게 움직일 것이고 팔은 발과 조화롭게 움직이며 마치 지구 표면 위를 훑는 느낌으로 달릴 것이다. 왜 그럴까? 그것은 당신의 몸이 그렇게 달리도록 태어났기 때문이다. 최근 우리는 뒤꿈치 착지를 유발하는 높은 뒷굽의 지나치게 푹신한 러닝화 같은 신발을 신게 되면서 더 부자연스럽게 달리고 있다.

당신이 얼마나 빠른 속력으로 달리든지 간에, 몸은 발 아래의 땅과 조화를 이루고 자유롭고 쉽게 움직이며 한 지점에서 다른 지점으로 이동하는 매 걸음마다 힘들이지 않고 뗄 수 있게 된다. 다리와 중심 근육은 계속하여 추진력을 얻게 만들고 마치 네안데르탈인이 뛰는 것처럼 간결한 팔 움직임, 발볼에 충격이 덜한 보폭, 살짝 앞으로 기울여진 자세로 뛰게 된다.

당신의 몸은 어느 지형에서나 안전하고 효율적으로 움직이도록 만드는 발의 작용에 대해 감각적으로 반응할 것이다. 감각 피드백이라고 불리는 이 작용은 발 앞부분에서부터 이루어진다. 발 앞부분은 어떤 움직임에도 몸이 가장 자연스럽고 효율적으로 균형을 잡게 한다.

앞발이 지표면을 느끼는 순간 뇌는 가능한 균형 잡힌 방법으로 효율적인 달리기를 하도록 몸을 움직이게 반응한다. 발과 뇌의 상호작용 측면에서 보면 부드러운 표면은 안전할 뿐만 아니라 발걸음을 옮길 때 오는 충격을 흡수해주고 발을 잘 내딛게 도움을 준다. 자연적인 환경에서의 자연스러운 달리기가 바로 이런 것이다.

맨발로 인도나 거리 혹은 나무 바닥 위를 달리는 것을 상상해보아라. 그것은 딱딱한 지표면이나 콘크리트 바닥을 내디딜 때 같이 무딘 힘을 가하지 않게 하는 가벼운 발걸음으로 자연스럽게 뛰게 만든다. 당신의 뇌가 푹신하게 해도 충격이 줄지 않는 발밑의 딱딱한 지표면에 대한 잠재적인 위험성을 인식하기 때문이다. 이렇게 하기 위해서는 발의 중간과 앞부분으로 내디딘 후(여기서 말하는 앞부분은 발가락이 아닌 발볼을 의미함) 과도한 근육의 힘으로 밀어내는 대신 재빠르게 땅에서 발을 떼는 것이다. 이것을 나는 충격에 대한 자기 통제라고 부른다. 당신의 뇌는 본능적으로나 경험적으로 딱딱한 지표면을 맨발로 뛸 때는 고통스러운 부상을 야기할 수 있다는 사실을 인지하고 있다. 당신의 몸은 절대로 뒤꿈치를 내디딜 때 야기되는 반복되는 고통을 참아내도록 만들어지지 않았다. 오히려 자연스럽게 더 딱딱한 바닥일수록 발뒤꿈치를 내딛는 것을 피하게 된다. 이것이 부자연적인 환경에서 적응하는 자연스러운 달리기 방법이다.

정리해보자면 자연스러운 달리기는 부드럽든, 들쭉날쭉하든, 딱딱하든 상관없이 어떤 표면에서든지 인간이 달리고자 할 때 추구하는 자세라고 할 수 있다. 우리는 콘크리트와 포장도로, 흙먼지 길로 가득 찬 부자연스러운 세상에서 과하게 신발로 보호하며 뛰고 있기 때문에 마치 맨발로 뛰는 것 같으면서 어느 정도의 보호가 되는 가벼운 신발을 신고 뛰면서 자연스럽게 달리는 방법을 다시 배워야만 한다.

달리기 101

건강한 상태나 운동 능력과 관계없이 대부분의 사람들은 달릴 수 있다. 많은 사람들은 다른 운동에 비해 덜 복잡한 달리기를 계속적으로 한다. 달리기 위해서 당신은 비싼 장비도 많이 필요 없고, 집 앞에만 나가면 아무 곳에서나 할 수 있으며, 비싼 클럽에 등록을 하지 않아도 되고, 시작할 때 어떤 수업을 받지 않아도 된다. 대부분의 사람들은 러닝화 한 켤레를 사고 매일 뛰어서 땀을 흘리면 그것이 곧 건강과 행복을 증진시키고 인생의 열정을 불어 넣어 줄 것이라고 확신하고 있다.

달리기가 확실히 접하기 가장 쉬운 운동인데도 이런 과도한 단순화로 인해 수많은 달리기 선수들이 달리기를 그만둔다. 수백만 명의 사람들이 달리기와 마라톤 대회를 신청하지만 거의 대부분은 실제로 자세나 훈련의 중요성을 알지 못한다. 대부분은 골프나 테니스 스윙을 잘하거나 공을 잘 쏘는 적절한 기술이나 커브를 잘 던지기 위한 훈련을 받지만 왜 달리기 훈련은 받지 않을까? 당신이 천부적인 운동능력을 타고 나지 않았다면 적절하게 뛰는 법을 배우지 않고서는 마라톤을 한 번 이상 완주하기는 힘들다. 당신은 세부적인 온라인 프로그램을 따르고 달리기 모임과 함께 운동을 하거나 전문가로부터 훈련을 받아야 한다. 5km 코스든 마라톤 풀코스든 상관없이 달리기 대회 준비는 반드시 당신의 실제로 얼마나 달리냐가 아닌 어떤 운동을 하냐에 초점을 맞춰야 한다.

달리는 방법이 중요한가? 그렇다. 적절한 자세를 배우지 않고 달리는 것은 비효율적이고 나쁜 결과를 야기하면서 다양한 부상의 위험성을 높이는 것이다. 일반적으로 장거리 선수들이 실수하는 가장 큰 두 가지가 있다. 첫째는 뒤꿈치로 내디디면서 달리는 것이다. 이는 발, 발목, 무릎, 다리, 엉덩이에 과도한 회전을 가져오며 앞으로 나가는 추진력을 방해한다. 둘째로는 추진력을 위해 너무 많은 근육의 힘을 사용한다는 것이다. 이러한 두 가지 실수는 걸음마다 수직 진동을 과하게 불러일으키고 이는 비효율성과 동시에 몸 전체에 충격과 회전 그리고 근육, 힘줄의 스트레스를 야기한다.

일반적으로 실수하는 달리기 자세

[충격/ 과도한 회전]
뒤꿈치부터 땅에 닿으면서 앞으로 가는 추진력을 매 걸음마다 얻으려고 한다면 당신의 보폭은 과도하게 크다. 이 말은 당신이 발 중

앞으로 내딛지 않아서 발목이 중간에서 제 역할을 못하는 것을 의미한다. 이는 과도한 회전력을 유발한다. 발목이 안쪽, 바깥쪽으로 흐느적거리면서 당신의 발목과 아래, 허벅지 위 그리고 엉덩이와 척추까지도 움직이게 만든다. 이렇게 되면 발부터 시작해 근육 조직과 관절, 다양한 부위의 근육이 몸 전체의 과도한 회전 때문에 부상 위험에 노출된다. 또한 이러한 디딤발은 뒤꿈치, 무릎, 엉덩이, 아래쪽 등에 과도한 충격을 전달하게 된다.

[과도한 근력 사용]

뒤꿈치를 과도하게 내디디며 달리면서 추진력을 내게 되면, 다시 그 추진력을 얻기 위해서는 훨씬 더 많은 근력을 사용해야만 한다. 뒤꿈치를 내디딜 때마다 상체는 몸의 중심 뒤로 젖혀지게 된다.

이런 자세는 당신의 상체가 앞으로 쏠리고 중간 발의 균형이 흐트러지게 하기 때문에 뒤꿈치를 내딛는 단계에서부터 보폭의 중간 단계에 이르는 시간을 더 걸리게 한다. 그렇게 되면 상대적으로 속도를 유지하기 위해 더 많은 근력을 써서 앞으로 밀어야 한다. 단거리 선수처럼 발가락에 힘을 주어 밀 경우, 종아리 근육이나 햄스트링 같은 추진력을 내는 근육들 및 하퇴부, 발목, 발을 연결하는 아킬레스 힘줄이나 발바닥 근막 같은 연결 조직이 부담을 느끼게 되고 부상의 위험성에 노출되게 된다.

이러한 두 가지 일반적인 실수는 굽이 높은 러닝화를 신고 부자연스러운 지면에서 달리기를 할 때 몸의 균형이 깨져 종종 발생되는 현상이다. 꼭 당신이 이런 방법으로 뛸 수 없다는 것은 아니다. 이런 비효율적인 방법으로 달릴 때 편안함을 느낄 수도 있고 새로운 마라톤을 이런 방법으로 뛰고자 계획했을 수도 있다. 어쨌든 30년 넘게 대부분의 러닝화는 뒤꿈치에 충격을 증가시키는 높은 굽이 있게 만들어져 왔다. 당신이 효율적이지 못한 자세로 어떻게든 효율적으로 뛰고자 한다면 당신의 달리기 경제성(달릴 때 산소를 효율적으로 처리하는 능력)은 떨어질 것이다. 새로운 보폭을 시작하고 충격을 완화하려면 상대적으로 더 많은 에너지를 사용해야 되기 때문이다.

이 두 가지 실수가 복합되면서 정강이통, 족저근막염, 아킬레스건염증, 장경인대 통증, 슬개대퇴 통증 등과 같은 부상을 야기한다. 이러한 부상이 즐겁고 건강한 활동이 되어야 하는 달리기를 싫어하게 만드는 원인이 되고 있다. 당신은 수년간 비효율적으로 잘 달려왔지만 결국에는 그것이 발목을 잡게 될 것이다.

당신이 이런 방법으로 뛰어 오거나 위와 같은 부상에 시달렸다 하더라도 절망하지 말라. 당신은 새로운 달리기 방법을 배울 수 있다. 자연스러운 달리기는 당신이 맨발로 달릴 때 발이 어떻게 움직이는지에 초점을 두고 있다. 물론 오늘부터 당장 신발을 벗어 던지고 맨발로 달리라는 것이 아니다. 당신은 마치 맨발로 달리는 것처럼 당신의 자세를 바꿀 수 있고 더 뛰어난 달리기 선수가 될 수 있으며 효율적으로 달리기를 할 수 있을 것이다.

당신에게 맞는 자연스러운 달리기 자세를 재발견하라

맨발로 달리는 것은 자연스러운 달리기 방법 중 가장 오래된 자세이다. 맨발로 달리는 것은 우리의 뿌리로 돌아가는 것이고 갓난 아이였을 때 카펫 위를 뛰어다니던 어린 시절로 돌아가는 것이다. 유년기에 푹신하면서 푸른 숲을 뛰던 시절과 청소년기에 바닷가를 따라 뛰던 시절로 돌아가는 것이기도 하다. 물론 우리가 그 시절을 지나버리긴 했어도 인간은 어린 시절부터 성인 시기에 이르기까지 자연스러운 달리기와의 근본적인 연결 고리를 항상 지니고 있다. 움직이지도 않을 것 같은 부자연스러운 세상 속에서 부상에 시달리고, 부적합한 신발을 신고, 책상에만 앉아있는 일상 속에서, 당신의 건강 상태가 어떻든 자연스러운 달리기는 우리 안에 깊이 박혀있고 앞으로도 계속 그럴 것이다. 나쁜 습관이나 몸의 변화 혹은 위험한 땅일지라도 자연스러운 달리기는 우리가 적당한 단계로 연습을 한다면 충분히 습득할 수 있다.

맨발로 뛰는 것의 기원은 고대로 거슬러 올라갈 수 있지만, 사람들에게 알려지고 과학적인 신뢰성을 얻은 것은 불과 몇 년밖에 되지 않았다. 다양한 과학 연구를 엮어서 만든 크리스토퍼 맥도갈의 베스트셀러 『뛰기 위해 태어나다』(2009)는 선수들이 자신들의 뛰는 방법을 다시 체크해야 하며 현대의 러닝화가 달리기에 부정적인 영향을 미친다는 생각을 담고 있는데 사람들의 관심과 미디어의 조명을 받았다.

수년간 세계 정상급 선수들은 몸 상태가 최악이라고 느끼고 그에 따른 자세를 취하는 능력인 자기 수용력을 높이기 위해서 맨발 달리기를 조금씩 연습해왔다. 이뿐만이 아니라 균형 감각 및 발과 하퇴부의 작은 근육을 발달시키며 초 경량 러닝화와 트랙 신발을 신고 달리기 위한 준비의 일환으로 맨발 달리기 연습을 해왔다. 전형적으로 작은 근육들은 신발 중간 부분이 두껍고 굽이 높은 경우에는 잘 사용되지 못하거나 상태가 좋지 못하다. 우리가 일을 하거나 놀 때, 항상 굽이 있고 부드러운 신발을 신고 있다는 사실과 연관 지어 생각해보면 저런 신발로 인해 작은 근육들이 사용되지 못해 원래 의도했던 충격 흡수나 회전력 조절, 저장된 에너지 발산을 할 수 없게 되는 것은 문제가 아닐 수 없다.

자세에 따른 신발의 충격

오늘날 달리기를 취미로 하는 대부분의 사람들이 신는 것처럼 당신이 굽이 높은 러닝화를 신고 있다면 자연스러운 달리기 자세를 취하며 달리기가 매우 어렵다. 그러나 모든 러닝화가 항상 그렇지는 않았다. 1970년대 초 미국에서 달리기 붐이 일었을 때 대부분의 사람들은 고무 밑창과 얇은 발포 고무가 깔린 중간 부분에다 나일론으로 만들어진 가벼운 신발을 신고 달렸다. 오늘날의 기준에서 보면 굉장히 단순해 보이는 신발이지만 이러한 초기의 러닝화는 발과 몸이 근육을 더 쓰지 않고도 자연스럽게 움직일 수 있도록 도와주었다. 또한 발이 땅으로부터 감각적인 피드백을 얻고 스스로 충격을 조절할 수 있게끔 도와주었다.

수년에 걸쳐 신발 기술이 발전함에 따라 러닝화는 일반적으로 쿠션이 들어가고 더 부드러우며 두꺼워지고 무거워지기 시작했다. 달리는 사람들이 달리기를 할 때 딱딱한 표면으로부터 보호받을 수 있도록 하는 공기나 젤로 된 쿠션이 들어갈 수 있도록 중간 부분이 두꺼워지면서 굽 높이 또한 높아졌다. 1960년대 중반 최초의 러닝화나 원시인들이 동물 가죽으로 만들었던 모카신과 비교해보면 오늘날의 러닝화는 우스꽝스럽게 변해왔다.

일부 디자인의 경우는 달리기 능력 향상을 위해 고안되었지만, 초기 의도와는 다르게 많은 경우에서 결과가 좋지 못했다. 그러한 이유로 30여 년이 지난 지금도 수천 명의 달리기 선수들은 뒤꿈치로 걷는 비효율적인 메커니즘으로 운동을 하고 있다. 이러한 신발의 형태는 최고의 속력을 내는 데도 최적이 아니고, 수많은 부상 또한 일으키고 있다. 그러한 문제를 넘어서 자연적이고 효율적인 자세에서 달리는 것과는 반대로, 끊임없이 제동을 하고 다시 새 보폭을 시작하는데 과도하게 근력을 사용하여 달리는 사람으로 하여금 쇠약하다는 느낌이 들게 한다.

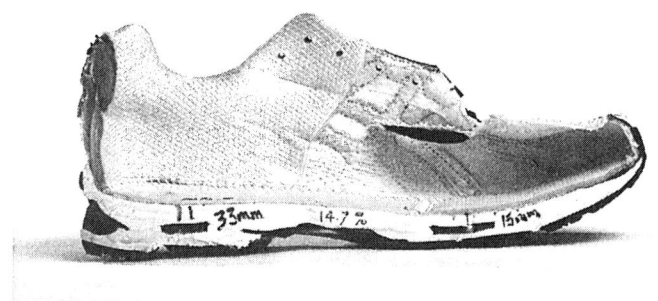

그림 1.2 │ 뒤꿈치부터 발볼까지 14.7%의 경사각을 가진 일반 러닝화 절단면 이미지

현대 러닝화에서 두껍고 지나친 뒤꿈치 패드와 뒤꿈치에서 발가락까지 이어지는 경사각(그림 1-2)은 사람들이 뒤꿈치로 걷는 걸음의 주된 원인이다. 특히 효율적인 역학을 경험하거나 배운 적이 없는 사람들에게는 더욱 그러하다. 당신이 아무리 발의 중간과 앞부분을 이용하여 걷고 싶다 하더라도 많은 신발의 굽 높이나 기하학적인 모양으로 봤을 때 땅에 자연스럽게 내딛는 것은 불가능하다. 신발의 무거운 굽이 생긴 모양 때문에 발을 땅에 평행하게 내딛는 것은 말 그대로 불가능하다. 굽은 처음 걸음을 내디딜 때 땅과 마주하는 부분이다. 다른 문제점은 중간에 있는 발포 고무이다. 이는 발이 땅을 감각적으로 받아들이는 것을 어렵게 하여 뇌로 전달되는 것을 방해하고 몸의 나머지 부분이 어떤 자세를 취해야 할지 어렵게 만든다. 이렇게 신발에 문제가 많다면, 우리는 그냥 다 맨발로 뛰어야 되는 것 아닌가? 이 말은 맞기도 하고 틀리기도 하다.

맨발로 달리기

당신이 뒤꿈치가 보호된 신발을 신고 뛰는 것에 익숙해져 있다면 맨발로 달리기를 하는 것은 자유로움을 느낄 수 있고, 자연스러운 달리기 역학에 첫걸음을 내딛는 것이다. 맨발로 달리면 당신의 발은 자연스럽게 발의 중간부분으로 땅을 내딛게 되고 그것은 즉각적으로 구심성 피드백을 전달하여 몸을 가능한 한 효율적이면서 효과적으로 움직일 수 있게 한다. 신발을 신고 달릴 경우에도 똑같은 피드백이 이루어지지만 두꺼운 발포 고무와 뒤꿈치를 내딛는 걸음은 이러한 피드백이 어렵게 만든다.

그렇다면 항상 맨발로 달리는 것은 어떨까? 대부분의 의사, 발병 전문가, 물리치료사, 선수, 코치들 모두 안 된다고 하나같이 입을 모은다. 그렇게 하는 것은 실용적이지도 못할 뿐만 아니라 안전한 방법도 아니기 때문이다. 포장된 도로나 콘크리트 도로를 맨발로 몇 마일씩 걷는 것은 상상만 해도 아픔이 느껴질 텐데 이는 말할 필요도 없이 실용적이지 않고 심지어 위험하다. 당신이 할 수 없다는 말은 아니지만 가능하면 부상을 스스로 피하는 것이 낫지 않겠는가?

그러나 통제된 환경에서는 맨발로 달리는 것은 당신이 전문적인 선수나 새로 달리기를 시작하는 사람 혹은 그 중간 정도의 실력을 가진 사람이던 간에 모든 이에게 매우 좋다. 짧은 거리를 맨발로 규칙적으로 달리는 것이 당신의 신체를 향상시키면서 신발을 신었을 때도 발의 중간을 먼저 내디딜 수 있게 몸을 만들어준다. 9장에서 효과적인 훈련 방법의 일환으로 맨발 달리기 하는 것에 대해 좀 더 자세히 알아보겠다.

맨발 달리기에 숨은 원리들은 이치에 맞는 것들이지만 신발을 신고 달리는 원리 또한 이치에 맞는 것들이다. 우리 대부분은 부드러운 흙이나 모래로 덥힌 길과 도시가 연결된 세상에 살고 있지 않는다. 오늘날의 환경은 대부분 포장된 도로이면서 맨발로 달리는데 좋지 않은 환경이다. 신발은 우리가 유나나 자갈, 파편 등에 찔리는 것으로부터 우리를 보호해주고 신발을 신는 것은 우리가 맨발로 걸을 때와는 달리 뜨거운 아스팔트나 얼어있는 도로를 걸을 때 발의 열을 보호해주는 역할도 한다. 핵심은 당신이 짧은 거리를 맨발로 달리는 것은 자연스러운 달리기를 가능케 도와주지만 답은 아니라는 것이다. 최선의 방법은 유연성을 느낄 수도 있고, 비자연적인 표면으로부터 발을 보호할 수도 있으며, 앞으로 가는 추진력도 잘 전달될 수 있는 가벼운 신발을 신고 달리는 것이다.

자연스러운 달리기를 받아들이기

자연스러운 달리기는 당신을 좀 더 강하고 효율적인 선수로 만들어준다. 이 책은 어떻게 해야 하는지 당신에게 알려줄 것이다. 기적 같은 치료법이나 훈련을 쉽게 하는 법이나 부상으로부터 면역력을 키워주는 것을 제공하지는 않는다. 대신에 달리기에 관한 물리학과 발의 과학을 알려주면서 당신 스스로 달리기를 잘 할 수 있게끔 도와준다. 어떻게 당신이 점차적으로 자연스러운 달리기 방법으로 바꿀 수 있는지, 일생 동안 그 자세를 어떻게 유지할 수 있는지에 대해서 보여준다. 자연스러운 달리기는 모두 발과 자세 그리고 몸 전체의 자유로움과 관련된 것이다. 달리기의 핵심은 편안한 마음 가짐으로 매 발걸음마다 가볍게 땅을 누르고 재빨리 다음 걸음으로 옮겨야 한다는 것이다. 몸을 꼿꼿이 세우면서 가슴 쪽은 약간 기울이고 팔을 간결하게 흔들며 달리는 것은 최적의 효율성을 가져오는 달리기 동작이고 이것은 발과 몸에 충격이 덜 가해지고 회전력 또한 덜 전달된다.

완벽한 달리기 자세라는 것은 없겠지만 달리기 역학과 효율성을 향상시킬 수 있는 모든 것들을 우리는 할 수 있다. 그렇게 하는 것은 당신을 좀 더 효율성 있는 선수로 만들 것이다. 효율성 있는 선수란 매 걸음에 에너지를 덜 쓰고 달리기 경제성을 높이는 것이다. 궁극적으로 향상된 자세는 당신을 좀 더 빠르게 달리도록 만들 것이다.

자연스러운 달리기를 받아들이는 것은 어렵지는 않지만 이전에 하던 친숙한 버릇을 없애고자 집중해야만 한다. 당신의 달리기 역학에 대해서 이해하고 발전시키는 것, 자연적인 달리기 걸음에 알맞은 가벼운 트레이닝 신발을 신는 것, 연습을 통해 힘과 기술을 계속적으로 유지하고 발전시키는 것, 이 세 가지 모두가 뛰어난 달리기 선수가 되는 과정의 일환이다.

이 책의 첫 번째 부분은 달리기 역사와 달리기 자세에 러닝화의 변화가 미친 영향들을 알아볼 것이다. 그 뒷부분에는 인간의 몸이 어떻게 움직이고, 발의 생체 역학은 어떻고, 자연스러운 달리기를 물리학적으로 보면 어떤지, 자주 발생하는 부상은 무엇이며 어떻게 부상을 당하고, 피하는지에 대해 알아볼 것이다. 마지막으로는 당신이 자연스러운 달리기를 체득할 수 있는 실용적인 조언과 구체적인 훈련 방법 그리고 8주짜리 훈련 계획을 제공할 것이다.

당신의 달리기 기술을 향상시킬 수 있는 주요한 방법 중 하나는 자세 훈련을 통하는 것이다. 자세 훈련은 하기에 쉽고 많은 시간이 걸리지만 사람들은 종종 간과하고 무시하고 넘어간다. 한 번에 5~15분 정도씩 일주일에 두세 번만 하면 훨씬 유연해지고 효율적이며 장단거리 모두에서 속도가 빨라질 것이다.

대부분의 훈련은 좋은 자세라는 측면을 가지고 진행될 것이다. 짧은 팔 스윙과 발 중앙을 이용한 부드러운 발걸음과 다리를 빠르게 바꾸는 것과 가슴 쪽을 살짝 기울이며 꼿꼿하게 세운 자세들에 초점을 맞춘다. 당신의 보통 달리기 역학을 진행하는 동안 이러한 동작들이 당신의 몸이 편안하게 느껴질 수 있도록 동작을 빠르고 반복적으로 취할 것이다. 일부 훈련들은 충양근 같은 작은 근육들을 발달시키고 다른 훈련들은 신경근이 빠르게 반응할 수 있도록 도와줄 것이다.

자연스러운 달리기로 바꾸는 것이 모든 사람에게 똑같이 적용되지는 않는다. 어떤 사람은 몇 개의 작은 습관만 바꾸고 신발을 좀 더 잘 선택하고 자세 훈련만 하면 된다. 하지만 다른 사람들에게는 그들이 알고 있던 달리기에 관한 모든 생각을 바꾸는 것이 필요하다. 그렇지만 두려워하지 말라. 자연스러운 달리기로 바꾸는 것은 오늘부터라도 당장 시작할 수 있고 그렇게 복잡하지는 않다. 시간이 조금은 걸리고 세부적인 것까지 받아들이기에 힘이 들기는 하지만 결과는 당신을 더 강하고 건강하며 더 빠르게 만들어 줄 것이다. 그것 이상으로 당신은 달리기에 대해서 잊고 있던 열정이나 즐거움을 다시 느낄 수 있게 될 것이다. 당신이 자연스러운 달리기를 배우기 시작한다면 당신은 단순히 하루만 빠르거나 건강해지는 것이 아니고 평생 그렇게 될 것이다.

2장

스포츠와 신발의 발전

　인간은 처음에는 생존을 위해, 그 후에는 부족 사람들에게 우월함을 뽐내기 위해 선사시대에서부터 달리기를 해오다 마침내 스포츠 경기로 정착되었다. 달리기 경주는 많은 고대 문명에서 행해졌고 르네상스 이후의 현대 사회에서는 굉장히 중요한 경기가 되었다. 비록 1970년대 초까지는 많은 인구가 달리기에 참여하지는 않았지만, 오늘날의 마라톤 열풍은 1896년 올림픽이 재탄생한 시점에서부터 뿌리를 찾을 수 있다. 21세기로 접어든지 십 년 정도 지난 지금 이 시점에서 달리기는 세계에서 가장 많은 인구를 지닌 운동 경기이며 여전히 달리기 인구는 증가하고 있다.

　고대 그리스 사람들은 맨발로 경기를 했고, 경기를 위해 특별한 신발을 신은 것은 로마 시대부터이다. 하지만 산업혁명 전까지 신발은 그렇게 많이 발전하지 못했고, 19세기 중반에 들어서야 스파이크가 달리는 등 특수 러닝화가 개발되기 시작했다. 재료는 일반적으로 가죽, 고무, 나무, 못, 실, 천 등 제한적으로 사용되었고 20세기까지 거의 초기 모양이 유지되어 왔다. 1900년대 초반 미국과 유럽 사회에서 달리기가 중요 운동으로 각광받기 시작하자 축구나 테니스, 야구 등에 비해 참여 인구가 적었는데도 스포츠용품 회사들은 러닝화를 생산하기 시작했다.

1960년까지 달리기는 재능이 있는 사람들만의 운동이었다. 그 당시에는 뛸 수 있는 길 자체도 거의 없었고 선수는 많아야 100명이었다. 그러나 달리기를 하기 시작하는 시민들의 숫자는 이미 증가하는 추세였다. 더불어 1960년대는 여가 시간이 증가하고 경제적 안정성이 높아지면서 사람들은 자기표현 시간, 팝 문화, 개인적인 성취감 등을 중요시 여겼고, 달리기가 그 부분을 채워주면서 달리기 인구가 늘어나기 시작했다.

달리기의 발전

1960년대 후반 달리기가 붐이 일어난 것은 신발 회사의 마케팅 캠페인 때문도 아니고 '인생을 바꾸는 성취'나 국가적으로 비만에 대한 우려 때문도 아니었다. 확실히 어떤 사람들은 건강을 위해서 달리기를 시작하기도 했지만 오히려 그런 사람들은 상대적으로 건강한 편이었다. 대부분의 참가자들은 크로스 컨트리 달리기를 했었거나 고등학교, 대학교에서 달리기를 했고 훈련이나 운동에 관한 기본 지식과 경험이 있었다. 그 당시에는 그들이 최대한 빠르게 달릴 수 있도록 훈련을 하기 시작했지만, 돌아보면 경주의 길이에 상관없이 달리기 자체가 굉장히 간단했다. 우연치 않게 1960년에 최초로 TV에서 올림픽 달리기 종목을 중계할 때 케네디 대통령이 국민들의 건강을 독려하고 대통령 산하기관인 체력 건강 위원회가 달리기를 지원해주면서 워싱턴 외곽에서는 JFK 50라고 불리는 50마일 경주가 열리기 시작했다. 그러나 달리기는 기부금 후원을 위한 행사의 역할은 하지 못했고 사회적 인식 또한 그렇게 높지는 않았다.

조금 느리기는 하지만 확실하게 달리기 인구의 증가를 확인할 수 있는 것은 보스턴 마라톤 대회였다. 보스턴 마라톤 대회는 1897년에 시작된 세계에서 가장 오래된 마라톤 대회이고 1960년대 미국에서는 12개의 대회가 열렸다. 보스턴 마라톤 대회에는 정상급 선수들과 마라톤에 열광하는 사람들만 참가하는데도 1960년 197명의 참가 선수에서 1969년 1,342명으로 매년 참가자 수가 증가했다 1970년에 시작한 뉴욕 마라톤 대회는 첫 번째 대회에서 127명의 선수만이 참가했다. 뉴욕 마라톤 대회 역시 참가자 수는 계속 증가했지만 미국을 대표하는 선수인 프랭크 쇼터와 빌 로져의 등장 전까지는 그 참가자 수가 폭발적으로 증가하지는 않았다.

그 당시에는 굉장히 엄청나 보였던 그 숫자는 지금 보면 굉장히 소수에 불과하다. 미국의 달리기 산업을 통계로 보여주는 러닝 USA에 따르면, 2009년 뉴욕 마라톤에서는 43,660명의 선수가 완주했고, 467,000명의 선수가 미국에서 열린 마라톤에서 완주했다. 이는 2000년보다 32% 증가한 수치이며 1990년보다는 2배 증가했다. 그러나 최근까지 달리기를 하는 사람의 완주 속도는 더뎌지고 있다. 1980년대 중반 미국의 남성과 여성 완주자의 기록은 각각 3시간 32분, 4시간 3분이었다. 2002년에는 그 기록이 각각 4시간 20분과 4시간 56분으로 늦어졌다(러닝 USA, 2010).

이러한 기록 악화의 원인은 초기 마라톤은 달리기의 인구가 작고 대부분 운동에 경험이 있으며 빨리 달리기 위한 훈련을 받았기 때문이다. 25년이 지나오면서 마라톤 대회에는 빨리 달리는 것보다 완주에 의의를 두는 처음 마라톤을 시작하거나 훈련을 받지 않은 사람들이 많이 참가했다. 그러나 또한 달리기 역학이나 훈련을 할 때 신는 신발과도 분명 관련이 있을 것이다.

본격적인 신발 산업의 발달

달리기를 취미로 시작하는 사람들은 1960년대부터 등장하기 시작했고 이에 따라 신발 산업 또한 발달하기 시작했다. 훗날 아식스가 된 일본의 오니츠카 타이거와 독일의 아디다스가 대표적인 회사였다. 두 회사 모두 주로 트랙, 필드 선수와 마라톤 선수들을 위한 경량 신발을 만들었다. 재료와 제조 기술의 한계라는 이유가 일부 있었겠지만, 큰 이유는 그것이 선수들이 최대의 속도를 낼 수 있게 만들어주기 때문이다. 최소한의 보호와 마찰만 막아주면 선수들이 자연스러운 걸음을 하기에 충분하다.

바깥쪽은 말랑한 고무로, 밑창은 얇게, 뒤꿈치 부분은 딱 맞게 가죽으로 덧대며 위쪽은 나일론으로 마무리하며 뒤꿈치와 발바닥의 오목한 부분이 편하게 되도록 한 번 덮어 씌웠다(그림 2-1). 대부분의 신발은 쿠션은 없었고, 바깥은 약간의 탄성을 위해서 얇은 고무를 이용했고, 발 아래는 훈련과 트랙으로부터 적당히 보호를 받으면서 땅을 느끼는 발의 능력과 선수 발의 자연적인 유연성에 영향을 주지 않도록 적당하게 만들었다.

올림픽 마라톤 선수였던 프랭크 쇼트는 초기 러닝화 모델을 잘 기억하고 있다. "갈색의 가죽은 무척이나 거칠었다. 그리고 몇 개의 안창을 추가적으로 깔아야 되었다. 어느 정도를 달릴 때 그 표면에 주의해야 하면서 안창을 넣어야 되었다. 당신이 나처럼 몸무게가 136파운드(약 62kg) 정도 된다면 여러 개를 깔 필요는 없다."

바닥이 평평했던 모델들은 특별하게 수년간 훈련을 받아온 강하고 빠른 선수들에게는 적합했지만, 취미로 즐기던 사람들이나 크로스 컨트리 코치인 빌 보워멘과 오래곤대학에서 1966년에 출판한 베스트셀러 『조깅』에 나오는 조깅하는 사람들에게는 적합하지 못했다.

조깅 세대

미국전역에 방송된 1972년 뮌헨 올림픽 마라톤 대회에서 쇼터가 우승을 자지한 후 많은 사람들의 달리기에 대한 관심이 초기 달리기 열풍의 초석이 되었다. 쇼터는 1976년 몬트리올 대회에서는 은메달을 목에 걸었고 빌로져는 1975년과 1980년 사이에 열린 보스턴과 뉴욕 마라톤 대회에서 총 네 번의 우승을 차지했다. 이러한 결과는 달리기를 해야겠다고 생각만 했던 사람들이 실제로 달리기를 하게 만들었다. 시민들은 5km, 10km와 마라톤을 했고 이런 대유행은 이 세대를 정의하기에 이렀다. 갑자기 모든 사람들이 러닝화를 사려고 몰려들었다.

그림 **2.1** | 1970년대의 일반적인 신발

사람들이 달리면서 느끼는 희열과 개인적인 성취감은 사람들 사이에서 퍼져나갔고 마치 달리기 시장은 잠재적인 성장이 무한하게만 느껴졌다. 단지 러닝화 한 켤레만 사서 매일 땀 흘리고 달리기만 하면 건강이 확실하게 좋아지고, 행복감이 늘어나고, 자기 발전도 할 수 있으며 테니스나 볼링, 골프, 자전거 타는 것보다 훨씬 적은 비용이 들고 하기 쉽다는데 그 누가 이것을 싫어하겠는가?

사람들은 달리기가 쉽고 본래 타고난 운동 능력이 없어도 되기 때문에 달리기를 많이 시작했다. 그냥 신발 끈만 묶고 달리기만 하면 되기 때문이다. 하지만 지나친 단순화가 자연스러운 달리기가 사라지게 되는 주원인이다. 많은 사람들이 대회에 등록을 하고 준비를 하지만, 대부분의 사람들은 좋은 자세에 대한 중요성과 그것을 위한 훈련에 대해 배우지 않는다.

일반인들의 달리기 열풍으로 인해 러닝화 디자인에서 얻은 경미한 아픔에서부터 부상에 이르기까지 사람들이 불만을 가진 부분들을 신발 회사들은 체크했고, 신발을 생산할 때 편안함과 푹신함을 최우선으로 생각하여 제작하기에 이르렀다. 이는 특히 조깅을 위한 신발에서 뚜렷했다. 초기의 신발은 형편없이 제작되었던 것일까? 아니면 달리기를 시작한 사람들이 힘이 좋지 않았거나 달리기에 역학을 제대로 적용시키지 못한 것인가? 아마 둘 다일 것 같다.

"1960년대에는 달리기 하는 사람들은 달리기에 굉장히 미쳐있었다. 그 당시에는 보통으로 달린다는 것은 없었다. 초기 러닝화를 신고 달릴 수 있는 사람은 정말 뛰어난 일부 선수들뿐이었다"라고 보스턴에 위치한 빌 로져 달리기 센터의 공동 설립자 찰리 로져가 말했다.

일부 변화와 발전이 이 새롭게 시작하는 달리기 인구에게는 확실히 좋았겠지만 인간이 달릴 때 고유하게 따르는 운동학적인 과정이 변화되었다. 초기에 신발 회사들은 신발 바깥쪽에 쿠션을 넣고 가운데에 폴리우레탄을 넣으려고 했으나 이로 인해 신발이 너무 무거워지고, 딱딱해졌다. 신발 회사들이 에틸렌비닐 아세테이트를 푹신함을 위해 사용하여 신발을 제작한 것은 엄청난 발전이었다. 빽빽한 재질이지만 푹신하며 탄력적이고 유연했다(그림 2-2). 이 러닝화는 초기 모델에 비해 엄청난 발전이었고 사람들은 폭발적인 반응을 보였다. 표면을 느껴 나머지 몸 전체가 어떻게 움직이어야 하는지 뇌에 피드백을 전달하는 발의 능력을 바꾸었다.

그림 **2.2** | EVA sole을 장착한 1970년대의 러닝화

보스턴에 위치한 뉴발란스는 트랙스터라는 제품을 출시하며 1960년대 초 러닝화 시장에 뛰어들었다. 달리기를 위해 만들어진 신발을 대량 생산한 회사 중 하나였고 뉴발란스는 뉴잉글랜드 지역을 기반으로 조깅을 하는 많은 사람들과 운동선수들에게 사랑을 받았다. 신발 위쪽에 얇은 가죽을 덧대어 골프화처럼 보였지만 세 갈래로 갈라진 가죽을 덧댐으로써 발의 중간 부분을 지지해주

며 역동적인 운동이 가능할 정도로 편안함을 주었다. 뒤꿈치는 약간 들려있고 바깥쪽과 중간 발포 고무 사이에 얇으면서 약간 경사진 고무를 넣었다.

조깅의 저자 빌 보워멘이 공동으로 세운 나이키와 유명 코치 아서 리디아드가 만든 회사를 포함해 다른 신발 제조 회사들은 새로운 디자인들을 고안해냈다. 보워맨의 경우는 그의 아내가 사용하는 와플 굽는 틀에서 착안하여 와플 모양의 폴리우레탄으로 신발을 제작했다. 신발의 디자인이 바뀌기 시작하면서 달리기하는 사람들의 역학 또한 바뀌기 시작했다. 나이키의 첫 번째 조깅화 코르테즈는 뒤꿈치 뒷부분이 확연하게 들린 모델 중 하나였고 보워맨은 그 디자인이 아킬레스건의 수축을 완화시킬 수 있다고 보았다. 그 당시에는 논리적인 생각이었을지 모르지만 그것은 달리는 사람이 가벼운 걸음으로 편하게 달리기 위해 가장 중요한 역할을 수행하는 유연한 탄성 반동을 힘들게 만들었다. 궁극적으로 이러한 신발 디자인의 영향으로 향후 40년 동안 수백만 명의 사람들은 자연스럽게 달리는 자세를 잊어버렸다.

치솟는 판매량과 신발 디자인의 변화

1970년대 중반을 거치면서 계속되는 달리기의 인기로 인해 러닝화는 18달러부터 50달러 사이의 가격으로 팔렸고 주로 스포츠용품점과 백화점에서 판매되었다. 그 당시에는 러닝화전문용품점 같은 것이 없었다. 1977년도에 미국을 대표하는 두 마라톤 선수 쇼터와 로져는 세계에서 처음으로 만들어진 달리기 전용 가게를 각각 시작했다. 두 가게는 상점을 차린 위치가 달랐지만 사업을 운영하는 방식에서는 유사했다. 그들의 경험을 토대로 선수들에게 러닝화를 팔고 건강을 위해 조깅을 하고 취미로 달리는 사람들에게 달리는 조언을 해주는 방식이었다. 프랭크 쇼터는 훗날 성공적인 체인점으로 거듭날 첫 번째 가게를 새로운 달리기의 메카로 성장한 콜로라도 볼도에서 히피들이 자주 놀러 다니는 펄 스트리트 몰에 열었고 빌 로져스는 달리기 역사가 깊은 보스턴에 문을 열었다.

매년 기록적인 참가자의 증가로 러닝화 판매량 또한 급증했다. 아디다스와 아식스는 계속해서 러닝화 시장을 주도했고 나이키, 브룩스, 에토닉, 써코니 같은 미국 내 브랜드들 또한 러닝화 시장에 뛰어들었다. 1976년에 미국에서만 대략 3백만 켤레의 러닝화가 팔려나갔고 나이키의 와플 레이서와 뉴발란스 320 모델이 가장 많은 판매량을 기록했다. 십 년 전에 겨우 몇 백 명만 완주 했던 마라톤에서는 25,000명으로 완주하는 마라톤 선수 숫자가 늘더니 1980년에는 무려 143,000명이 마라톤 완주에 성공했다.

입문자를 위한 러닝화

 러닝화의 개발은 주로 달리기에 처음 입문하는 사람들에게 맞춰져 있었다. 새로운 재료나 공정 기술, 그리고 계속 성장할 것 같은 시장으로 인해 러닝화 브랜드들 간에 경쟁이 심화되었고 이는 러닝화 디자인에 영향을 미쳤다. 사람들은 러닝화를 구입할 때 러닝화 브랜드들의 달리기 선수의 세계, 달리기 선수, 그리고 마라톤 선수 같은 잡지들에 그들의 신제품에 대해서 화려한 광고로부터 많은 영향을 받았다. 대부분 러닝화는 기능성이나 편함에 중점을 두어 디자인을 바꿨고, 일부 제품의 경우만 발과 땅 사이의 피드백이 가능하게 하여 경제적이고 좋은 달리기 자세를 취하고 자연스러운 동작을 취할 수 있도록 디자인을 개발했다.

 신발의 디자인은 여전히 단순했고 단순한 디자인은 신발의 무게가 무겁지 않게 유지시킬 수 있었다. 그러나 대부분의 새로운 모델은 두 가지 공통점을 가지고 있었다. 에틸렌비닐 아세테이트 발포 고무를 중간 부분에 넣는 것과 뒤꿈치를 들리게 제작한다는 것이다. 1970년대 중반까지 뒤꿈치를 들리게 만드는 것은 전 세계적으로 러닝화를 제작하는 최고의 방법이었다. 대회보다는 건강과 체력 유지에 관심이 많거나 막 입문한 사람들에게 이러한 디자인은 오히려 실용적으로 느껴졌을 것이다. 그 당시 취미로 하던 대부분의 사람들은 역동적인 발, 다리, 코어 근육의 힘이 부족했고 선수들이 뛰는 것에 비해 경제적이거나 좋은 자세를 취하지 못했다. 이렇게 평평하고 가벼운 운동화들은 처음 세대인 달리기 선수들에게 고통을 주었을 것이다.

더 많은 쿠션

러닝화에서 쿠션을 넣는 것이 가장 중요한 부분으로 자리 잡기 시작했다. 러닝화 제조사들은 뛰면서 발이 도로로부터 얻는 충격을 흡수하기 위해 발밑에 더욱 다양한 재료와 발포 고무를 넣기 시작했다. 특히 입문자, 훈련이 부족하거나 비효율적으로 달리는 선수들이 땅을 디디는 발꿈치 쪽에 다양한 것들이 덧대어졌다. 이러한 신발 회사들 간의 경쟁이 30년 동안 이어져왔다. 수십억 달러의 경쟁은 주로 중간 쿠션 부분의 편안함과 유연함과 기술에 초점이 맞춰져 있었고 이 경쟁들이 회사들을 죽기 아니면 살기의 경쟁을 하도록 만들었으며 달리기 시장에 모순을 불러왔다. 회사들의 기술과 디자인의 발전과 더불어 홍보 전략은 달리기 시장이 성장하게 만들었고 그것은 모든 회사가 이득을 볼 수 있다는 의미였다. 그러나 이런 참여가 늘어나면서 브랜드 간의 경쟁을 더 심화시켰다. 1979년까지 미국 전역에서 수천 개의 대회가 증가했고 천만 명의 선수들이 러닝화를 구입했다.

또한 이미 미국 러닝화 시장의 50%를 차지하고 있는 나이키는 에어솔 쿠션 기술을 개발하여 장착한 신발을 선보였다. 이것은 충격으로부터 보호하기 위해 공기를 압축하여 견고하고 잘 봉인된 주머니에 주입해서 신발 중간 부분에 삽입하는 기술이다. 항공 우주 기술자인 프랭크 루디에 의해 개발된 이 기술은 일시적인 성공을 거두었고 러닝화 시장에서 계속 선두를 유지하고 다른 회사들 역시 푹신한 신발을 개발하도록 만들었다. 써코니와 아식스, 리복은 각각 재즈, 자체 쿠션 개발, 펌프라 불리는 신발 및 기술을 개발하여 나이키를 따라잡고자 했다. 이러한 회사 간 기술 및 마케팅 경쟁은 신발 중간의 부드러운 재료 및 뒤꿈치 쿠션 기술을 강조하는 셈만 되었다.

신발, 기능적에서 미적으로 판매의 초점이 이동하다

제조 회사 간의 경쟁은 20년 동안 계속되어 왔고 신발 회사들은 점점 미적인 부분들을 강조하면서 '눈에 보이는' 기술을 개발해왔다. 예를 들어 에어백이나, 젤 부분, 쿠션 부분이 소비자들로 하여금 잘 보이도록 신발을 만들었다. 또한 소비자들이 상점에서 신발을 신는 그 사이에 편안한 착용감을 느낄 수 있도록 '발을 딛는 순간의 편안함'이라는 모호한 개념으로 소비자를 공략했다. 신발이 점점 무거워지고 부드러워지면서 여전히 자연스러운 달리기 역학을 따라 훈련을 받던 정상급 선수들에게는 도움이 덜 되었고 오히려 많은 사람들이 출퇴근하고 쇼핑을 가고 영화 보러 가고 심지어 데이트할 때도 신는 캐주얼 신발로 사람들이 신게 되었다.

이러한 사람들의 성향은 신발 개발 시 기존에는 달리기를 빠르게 경제적으로 할 수 있도록 연구하던 것이 미적인 기능을 고려하도록 만드는 주요한 원인이 되었다. 결국 이런 신발은 사람들로 하여금 달리기 두 세대를 역동적인 발과 다리와 중심 근육의 힘 없이 또 두꺼운 쿠션으로 인해서 표면을 못 느끼고 빨리 달리는 기회 자체를 가질 수 없도록 만들었다. 물론 밑이 얇은 러닝화가 있었지만 이는 신발 가게에 와서 매일 운동화만 찾는 일반인이 아닌 정상급 선수들을 대상으로 마케팅 했다. 게다가 그런 신발마저 해를 거듭하면서 부드러운 발포 고무와 어느 정도의 뒤꿈치에서 발가락으로 이어지는 경사각이 있도록 변형되어왔다.

1980년대와 1990년대에서 신발 제작 디자이너들은 러닝화를 좀 더 미적으로, 달리지 않을 때에도 신을 수 있도록 만들었다. 사람들은 편안하고 부드러우면서 러닝화를 신었을 때 '나는 달리기를 하는 사람이다'라고 사회적으로 보일 수 있기 때문에 일상화로 러닝화를 신기 시작했다. 갑자기 러닝화를 신는 것은 '저스트 두 잇'이라는 나이키 슬로건과 같은 화려한 TV 광고를 통해 하나의 떠오르는 문화로 자리 잡았다. 그리고 동시에 일부 브랜드는 수익성이 훨씬 높은 '일상생활' 신발을 만들기 위해 기존의 러닝화나 정상급 선수들을 위해 개발하던 러닝화를 포기했다.

2000년대 초반까지 안정화되어 있는 메커니즘 기능을 갖춘 신발을 신은 사람들은 더 많아졌다. 과연 계란이 먼저일까 닭이 먼저일까 라는 것에 대해서 우리는 의문이 생긴다. 나쁜 달리기 자세가 사람들로 하여금 무게를 실어서 뒤꿈치를 내디디며 걷게 만든 것인가? 아니면 뒤꿈치가 들리고 중간이 두꺼운 쿠션이 들어가서 사람들로 하여금 뒤꿈치로 강하게 달리는 나쁜 자세를 하게 만든 것일까? 정답은 둘 다라고 생각한다.

그림 **2.3** | 2000년대 러닝화

한 가지 딜레마는 신발 제조사들이 항상 특정 부류의 선수들을 위해서 최고의 신발을 개발하고자 하지는 않는다는 것이다. 대신에 그들은 다른 회사와의 경쟁에서 이기고자 신발을 개발한다. 러닝화를 만드는 것은 사업이고 다른 회사와 다르게 보이고 더 나아 보이는 신발을 만드는 것은 위험하다. 하지만 비록 충분하게 입증이 되지 않았더라도 경쟁사와 비슷하거나 약간 좀 더 좋아 보이는 정도로 만드는 것은 굉장히 쉽다. 예를 들면 뒤꿈치 부위를 만드는

2장 스포츠와 신발의 발전   **51**

데 기술과 힘을 다 쏟는 것처럼 말이다. '과도한 회내 운동 막기'는 지난 30년 동안 러닝화 제조 회사들이 가장 추구하는 부분이었다. 그 결과 기술 혁신이라고 불리는 것과 마케팅, 조사나 개발 모두 신발의 뒤꿈치에 맞춰져 있었다.

발 앞부분으로 초점을 옮기기

나는 수년간 미국 전역에 있는 전통적인 러닝화를 테스트하는 연구소에서 일했다. 그들은 하나같이 신발의 뒷부분을 중심으로 연구를 했다. 믿기지 않겠지만 발 앞부분에 가해지는 힘을 측정하기 위해서는 미국재료시험협회나 국제신발테스트협회에서 제공하는 테스트를 한 적이 한 번도 없었다. 뉴턴이 출시되기 전까지 오늘날 모든 신발은 뒤꿈치 기술과 재료의 특성에 대해서만 연구되어 왔다. 몇몇 연구소의 경우는 뒤꿈치를 테스트하는 것으로 앞발에 대한 기술과 발포 고무 상태에 대해서 측정할 수 있다고 주장했다. 뉴턴러닝 기술은 신발 앞부분에 중점을 둔 테스트를 요구했다. 궁극적으로 뉴턴러닝은 발 앞부분에 대해서 무엇이 가능하고 유용한지를 이해하고자 했고 연구를 진행하기 시작했다.

2007년 이후 나는 MIT 공대에서 두 개의 학급과 같이 일을 할 수 있는 기회를 얻었다. 고급 엔지니어링 반을 맡고 있는 알렉스 스로컴 교수는 나에게 달리기 시장에서 해결하고자 하는 문제가 뭐가 있는지 물었다. 자연스럽게 나는 그 학급에 러닝화 앞부분에서 전달되는 충격과 충격을 흡수하는 특성, 에너지 전환 능력을 측정할 수 있는 시험 방법을 개발해 달라고 부탁했다.

MIT 엔지니어링 학급은 결국 인간이 달릴 때 발생하는 충격력을 복사하는 기계를 고안해냈다. 신발 안쪽에 있는 발 구조로부터 얻어지는 측정은 발 전체 표면으로부터 얻은 데이터를 기록한다. 이 기계는 또한 뒷부분, 중간 부분, 앞부분으로 땅을 디뎠을 때의 측정값을 비교하여 기록한다. 팀은 자신들이 설계한 기계를 설명하면서 달리기 산업에서 표준 시험 기준으로 사용될 수 있으면 좋겠다고 말했다.

최근까지도 신발 회사들은 연구에 많은 시간과 자원을 사용하지 않았다. 그들은 충격을 완화시키기 위해 이중 뒤꿈치 보호대와 발이 둥글게 들어갈 수 있도록 더 딱딱하게 중간 부분을 만들어 회전력을 줄이려 했지만 실패로 돌아가고 있었다. 그 결과 중립으로 못 걷는 달리기 선수들은 안정화를 시켜주거나 동작을 조정해주는 신발을 착용했다. 그러나 과도하게 발이 안쪽으로 들어가는 회내운동이 심한 것은 발과 발목을 느슨하게 하여 회전력을 받기 쉽게 만들어버린 뒤꿈치로 강하게 내딛는 걸음으로 인해 발생하는 것이다. 약한 발, 약한 발목 그리고 다리 낮은 부위와 높은 굽의 신발 역시 이러한 문제를 일으키는 원인이다. 가장 큰 요인은 발목의 불안정이 뒤꿈치로 내딛는 힘에 의해 더 가중된다는 것이다. 뒤꿈치로 달리는 것은 자연스러운 것이 아니지만 신발 중간은 푹신하게 되어 있고 뒤쪽이 더 높기 때문에 그런 걸음걸이가 자연스럽다고 우리는 생각하기 쉽다. 우리의 뇌는 푹신한 뒤꿈치로 내디뎠을 때 안정적이라고 생각하고 이런 신발을 신고 뛰면 우리가 발 중간이나 앞부분으로 뛰려 해도 뒤로 디딜 수밖에 없다.

과한 회내운동 혹은 회외운동은 가볍게 뛸 때는 전혀 문제가 되지 않는다. 이 경우에는 발목과 뒷발이 매우 안정적이고 고정이 되고 뼈, 근육, 발바닥 근막, 유연한 무릎 등이 몸을 지탱해주기 때문이다.

앞서 말했듯이, 내가 족저근막염을 겪으며 달리기 스타일을 바꾼 것은 달리기 선수들이 정말로 푹신하고 지탱을 잘해주는 러닝화를 신어야 하냐에 대한 의문을 갖게 만들었다. 나는 스키를 탈 때 균형을 잡고 잘 조정할 수 있도록 몇 년 째 만든 스키 안감과 같은 무언가가 발 뒤에 딱딱한 지지대를 대는 것보다 더 필요하다고 추측했다. 대부분의 신발이 회내 운동을 조절하려고 신발 안쪽에 하는 것은 오히려 달리기 선수들이 균형도 못 잡게 하거나 발과 낮은 다리 쪽에 전해지는 충격을 가중시키는 것처럼 나에게는 보였다.

더 나아진 과학적 접근방법과 자세

최근 연구 조사에서 뒤꿈치가 들린 신발을 신고 충격을 줄이려고 하는 것은 별로 좋은 생각이 아니라는 것이 밝혀졌다. 영국 스포츠 의학 전문지에 실린 연구에 따르면 발의 형태에 따라 안정적이고 조절 가능한 신발을 권하는 것이 지나치게 단순화되어 있어 해롭다고 한다(라이언 외, 2010). 우리가 어떻게 달리라고 신발 회사들이 권한 지 30년 후, 사람들은 잘못되었다고 생각할 것이다.

버지니아대학에서 인내 스포츠 센터에서 스피드를 진료를 담당하는 물리 치료사 제이 디캐리씨는 또한 신발 회사들이 달리기 선수들에게 가장 좋은 것이 무엇인지 안다고 하는 것에 대해서 회의적이다. "러닝화 제조 회사와 판매점들은 뒤꿈치의 이중 보호장치는 회내 운동을 줄이거나 막기 위해서라고 하지만 뒤꿈치가 닫는 동안에도 회내 운동이 정점을 찍을 정도로 일어나지는 않는다. 내 생각에는 여전히 신발과 과학은 접목이 되어 있지 않은 것 같다. 좋은 신발들이 있기는 하지만 아직도 부족한 부분이 너무나 많은 것 같다(디캐리, 2009/2010)."

연구는 또한 초보자들에게 이해하기 쉬운 훈련 프로그램을 진행해도 달리기 관련 부상의 비율을 줄이지 못하고 있다고 밝혔다. 그러나 그것이 단순히 푹신하고 지나치게 보조적인 역할이 강조된 러닝화의 탓이라고만 볼 수는 없다. 달리기 자세와 부상에 관해서 연구하고 있는 현직 마라톤 선수이며 웨스트버지니아대학의 가정 의학과 교수로 역임하고 마크 쿠쿠젤라는 신발, 선수의 운동 능력과 힘 그리고 달리기 역학 같은 여러 가지 복합적인 요인이 달리기 선수들 사이에서 부상 비율이 지속적으로 높은 이유이다. "부상의 위험성을 줄이기 위해 우리는 먼저 자세에 신경을 써야 하고 몸을 더 강하고 안정적으로 만들어가며 그것을 도울 수 있는 신발을 신어야 한다. 그 후에 당신은 훈련을 거쳐 속력을 높일 수 있다. 그러나 건강하게 달리기 위해서는 적은 충격으로 정말로 자연스럽게 달려야만 한다"고 쿠쿠젤라는 말했다.

새로운 생각

치러닝, 진화론적 달리기, 걸음 역학, 맨발 달리기 등의 최근 다양한 프로그램들이 약간 몸을 앞으로 숙이고 짧은 보폭과 엉덩이 바로 밑에서 디디는 이런 자연스러운 달리기 기법을 많이 반영하고 있다. 이런 프로그램들이 유사해 보이지만, 프로그램 간에는 작지 않은 차이들이 있고 이러한 차이는 달리기 생물 역학자들이나 인터넷 상에서 갑론을박이 벌어지는 정도이다. 문제는 달리기 자세에 대한 이러한 방법들이 전부 맨발이 아닌 뒤꿈치가 들리고 엄청난 푹신함을 주는 신발과의 연관 속에서 개발되고 발전되었다는 것이다.

이미 수년간 기존의 러닝화를 신고 비효율적인 것에 익숙해져 있는 사람들이 자신의 생체역학에서 비효율성을 깨닫는 건 쉽지 않다. 『달리기의 예술 정복하기』(2006)의 저자이며 토론토에서 달리기와 자세 교정 코치로 일하는 말콤 발크는 밝혔다. 작은 변화가 많은 부분을 향상시킬 수 있는데도 달리기를 오래 한 사람들은 자신들만의 방식에 빠져있어 변화의 필요성 자체를 느끼지 못하고 새로 시작하는 사람들에게는 변화 자체가 굉장히 힘들게만 느껴진다.

생체 역학과 달리기 자세 인지를 복합한 알렉산더 테크닉을 사용하는 그는 말했다. "사람은 나이가 들면서 달릴 때의 보폭은 거의 변화가 없어지고 그 상태로 굳는다. 변화를 가져올 수 있는 시점은 부상을 당하거나 몸 전체가 변화하거나 그들의 삶 자체가 변할 때이고 이렇게 될 때에만 사람들은 걸음걸이에 영향을 받고 고칠 수 있게 된다. 처음에는 자신들이 무엇을 하는지 모르고 그들은 더 나은 기술로 배울 수 있는 과정을 영영 거칠 수 없게 된다. 살이 몇 kg 더 찌고 의자나 자동차에 매일 앉아 있는 것도 역시 자연스러운 달리기를 학습하는 데 장애가 될 수 있다."

마크 쿠쿠젤라의 이야기

2000년에 마크 쿠쿠젤라가 딱 그 상황이었다. 전 버지니아대학 크로스 컨트리 선수였으며 20년 넘게 대회를 참가하면서 그는 관절염으로 인해 발에 심각한 통증을 느끼고 몸이 악화되었다. 그는 그 당시 34살밖에 되지 않았고 몸의 상태도 좋았지만 달리기 하는 것 자체가 굉장히 고통스럽기 시작했다.

쿠쿠젤라는 그날 이후로 앞으로 고통 없이 뛰는 것은 힘들겠다고 생각했다. 그러나 그는 포기하는 대신 달리기 신체 역학을 배우기 시작했다. 그는 최고로 효율적인 달리기를 한다는 동아프리카 사람들의 달리기 모습을 관찰했고, 맨발로 달리는 모습도 관찰하며, 자신이 뛰는 방법도 체크했다. 그는 뒤꿈치를 너무 많이 디딘다는 것을 발견했고 로마노브 포즈와 연관 지어 바라보았다. 러시아 생체 역학자이며 올림픽 대표팀 코치였던 니콜라스 로마노브 박사는 단순한 선수들의 상태 그 이상의 것을 전달하고자 한 기술적인 전문가 중에 한 명이었다. 그는 중력과 추진력은 극대화하며 충격은 적게 받는 달리기 기술인 자세에 대해 1970년대 중반부터 가르치기 시작했다. 1981년에 러시아어로 책이 처음 출판되었고 이는 영어로 번역되어 1997년에는 전 세계로 퍼져나갔다. 책은 앞발로 디디며 달리는 것과 신체는 종아리 근육과 연관 되어 있다는 개념에 대해 초점을 맞추고 있다. 단거리 선수와 같이 자세를 취하는 것처럼 포즈를 취하는 선수들은 몸을 앞으로 살짝 기울인 자세에서 중력을 이용하여 앞으로 나가는 추진력을 유지하는 것이다.

쿠쿠젤라는 충격을 낮출 수 있도록 발 중간 부분으로 달리는 그의 달리기 방법을 시도해보면서 몸이 나아지는 것을 느꼈다. 그러나 2005년 쿠쿠젤라는 중국의 태극권의 원리를 이용한 달리기 기술에 대해 기술한 대니 드레이어의 『치러닝』을 읽고 난 후 방법들을 복합하여 접목시키기 시작했다. 코어 근육으로부터 힘을 끌어오고 짧은 보폭과 빠른 걸음으로, 발은 엉덩이 아래쪽에서 디디며 수직의 자세를 갖추어 달리는 방법을 이용하기 시작했다.

"당신은 몸 전체가 역학적으로 움직이는 것을 보아야 한다. 단순히 말로만 나는 발 중간으로 착지를 할 것이라는 것 이상이다. 이것은 몸 전체가 움직이는 과정이 함께 딱 맞아야 하는 것이고 모든 원리를 배우고 지속적으로 발전시키는 것은 중요하다"고 쿠쿠젤라는 말했다.

쿠쿠젤라는 그가 발견한 것을 많은 사람들과 공유하고 싶어 했다. 달리기에 대한 그의 열정과 의료 훈련을 결합하여 그는 2007년에 연구를 착수했고, 드레이어의 책을 구입한 2,500명의 사람들을 대상으로 조사를 하여 30%의 사람들은 부상을 줄였으며, 6개월 후 40%의 사람들은 달릴 때 느끼던 불편함이 줄었다는 결과를 얻을 수 있었다(쿠쿠젤라&웨스트버지니아대학, 2007).

"최근까지도 달리다가 무릎이 아프면 병원에 가서 MRI를 찍고 소염제를 받거나 달리는 것을 그만두었지만, 우리는 왜 우리가 아픈가에 대해서 생각해 볼 필요가 있다."

그는 최근에 20명의 마라톤 선수를 달리기 자세 워크샵에 불러 중간 발로 디디는 것을 포함한 효율적인 달리기에 대해서 가르쳤다. 그의 목표는 구상만 하던 증거를 실증적인 결과와 이 분야의 발전을 좀 더 불러일으키는 것이었다.

"의사로서 나는 사람들을 건강하게 만들어야 한다. 나의 관점에서 보면 우리는 부상의 예방과 치료를 하는 데 있어 어떠한 발전도 이뤄내지 못했다. 현재도 계속 MRI와 치료들이 이루어지고 있지만 여전히 매년 40~60% 사람들이 매년 다치고 있다. 달리기 선수, 코치, 의사 그리고 신팔 회사들까지 모두 더 나은 방법을 생각할 필요가 있다."

그는 자세 교정을 통해서 달리기에 다시 활력을 찾았고 사실상 달릴 때 고통은 거의 없었다. 하지만 나이가 들면서 속도가 약간은 느려졌다고는 한다. 그는 2008년 보스턴 마라톤 대회와 해병대 마라톤 대회에서 2시간 34분을 기록하여 마스터즈 그룹에서 각각 14등과 1등을 기록했고 JFK 50마일 대회에서는 개인 신기록인 6시간 45분 48초를 기록하여 전체 11위를 기록했다.

현재 그는 달리기 스타일의 변화 덕택에 최고의 상태에서 달리기를 영원히 할 수 있을 것 같다고 생각한다. 그리고 변화된 달리기 스타일은 그가 현격하게 회복 시간이 짧아지게 만들었다. 그는 2010년 44살의 나이로 보스턴 마라톤 대회에서 2시간 34분 21초의 기록으로 40대 이상의 그룹에서 10등을 차지했다.

신발 회사들의 최소주의자적 접근

비록 자연스러운 달리기가 효율적인 체계이고 중력과 균형을 잡아주는 자세이지만, 그것은 특별하게 제작된 신발을 필요로 한다. 자연스럽고 중간 발을 이용하여 달리는 것을 지지하는 대부분의 사람들은 마치 맨발로 뛰는 것 같은 가벼운 신발을 추천한다. 크고 푹신하게 뒤꿈치 보호대를 댄 신발과 달리 견고하고 딱딱한 물질로 앞부분과 중간 부분을 만든 신발은 달리는 사람이 중간 발로 땅을 디디고 효율적인 달리기를 위한 자기 수용 능력을 기를 수 있게 해준다. 동시에 뒤꿈치는 처음의 충격을 받은 이후에 다시 새로운 걸음이 시작되기 전 에너지가 돌아갈 수 있도록 탄력적으로 도와주게 된다.

저명한 달리기 코치인 드레이어는 "당신은 땅을 느낄 필요가 있다. 당신의 발이 실제로 땅을 잘 느낄수록 당신의 몸은 어떻게 움직여야 하고 달려야 하는지 더 잘 익힐 수 있다"라고 말했다(드레이어, 2009).

마침내 연구 조사 실시

나이키는 2004년 처음으로 프리 슈즈라는 몇 개의 모델을 출시함으로써 자연스러운 달리기를 위한 상업적인 제품을 생산하는 시장에 뛰어들었다. 21억 달러 규모의 크기인 나이키는 스탠포드대학의 코치인 빈 라나나가 그의 장거리 훈련을 맨발로 하는 이 사소하지만 효과적인 달리기 방법에서 착안을 했다. 나이키는 맨발로 달리기하는 것에 대해 가능한 한 많이 배우고자 하는 목표로 종합적인 조사를 실시했고 그 지식을 바탕으로 자연스러운 달리기 역학을 살릴 수 있는 최소한의 신발을 만들고자 했다. 나이키는 마치 맨발로 달릴 때처럼 유연한 움직임을 가져갈 수 있는 최고로 유연한 신발을 개발해 냈다. 물론 비판론자들은 그것조차 발을 부드럽게 하기 위한 부분이 있고 뒤꿈치가 약간 들려있다고 지적했다.

2009년과 2010년에는 3개의 연구 조사에서 사람이 신발을 신고 달리는 것과 맨발로 달리는 것은 다르다는 개념에 대해 연구했다(

케리건 외, 2009; 리베르만 외, 2010; 스쿼드론 및 갈로찌, 2010). 각각의 연구는 맨발로 달리기할 때의 이점과 아무런 제약도 받지 않는 자연스러운 달리기 자세의 이점을 소개했고 동시에 안전, 지속성, 변화와 달리기 선수의 개인적인 역사에 대한 수많은 경고도 했다. 소개한 이점은 말 그대로 몸 중앙 아래에서 발을 디디고 달리면 몸에 적은 충격과 함께 몸 전체의 운동학이 좋아진다는 것이었다.

"발이 땅과 닿았을 때 그 충격이 인지되지 못할 정도가 되는 것이 정말로 필요한 달리기 방법이다"라고 2010년 맨발이든 신발을 신든 발 중간부분으로 딛는 것이 훨씬 충격이 덜 하다고 결론을 내린 하버드대학의 진화 생물학자인 다니엘 리베르만이 말했다. "그것이 바로 사람들이 맨발로 달릴 수 있는 이유고, 현대의 러닝화가 만들어지기 전에 사람들이 맨발로 달렸던 이유이다. 현대와 같은 러닝화 이전에는 오늘날처럼 일시적으로 편안함을 주는 쿠션이나 어떤 장치도 중간에 없었다."

더 나아가 2010년까지 12개의 회사들이 중간 발과 자연스러운 달리기를 위한 신발을 팔고 연구했다. 이는 우리 회사인 뉴턴러닝을 포함하여 나이키, 비브람, 까르후, 에코, 아식스, 뉴발란스, 케이스위스, 머렐, 싸코니, 테라 플래나 등이 있다. 이러한 경향 덕분에 마침내 러닝화 판매가 매년 30%씩 성장하게 되었고, 이런 현상은 몇 년간 러닝화 시장에서 지속적으로 보이고 있다. 바로 자연스러운 달리기에 대한 변화가 이루어지고 있다는 것이다. 그런데 왜 지금일까?

건강 자문위원 역할을 하는 점원

주요 뉴스 채널, 인터넷의 수많은 블로그, 베스트셀러인 『Born to Run』가 자연스럽게 달리기 열풍을 주도했다. 특히 운동선수와 같이 더 많이 알수록 더 알고 싶어 하는 사람들은 항상 최신 정보에 대해서 갈망한다. 그들은 러닝화 판매점으로 가 부상에 대한 조언을 듣고, 예방법도 들으며 훈련 방법에 대해서도 물어본다. 러닝화 판매 점원들은 사람들이 어떤 것을 궁금해 하는지 알 수 있었고 자연스러운 달리기를 아는 사람들 중에서는 그나마 가장 활동적인 편이었다. 예를 들면 시카고 외곽에 있는 내퍼빌 러닝 회사의 크리스 하트너와 그의 직원들은 고객의 발과 달리기 역학이 어떤 유형인지를 판단하기 위해서 그들의 고객을 달리기 선수로서 받아들인다. 그들이 얼마나 뛰고, 어떤 훈련을 하고 있는지, 개인 최고 기록은 어떻게 되며, 지금 어떤 대회를 준비하며, 현재나 과거에 겪거나 겪었던 부상은 무엇이었는지 파악한다. 그런 정보들은 개인적인 정보이긴 하지만 대부분의 고객들은 그들이 원하는 신발을 찾을 수 있다는 점에서 굉장히 만족하고 있다.

가끔 러닝화의 바닥을 보고 어떻게 신었는가만 봐도 그 사람이 어떻게 달리고, 지금 무엇이 고통스러우며, 만성적인 부상으로부터 어떻게 생물 역학적으로 예방할 수 있을까를 알 수 있다. 물론, 새로 시작하는 사람뿐만 아니라 20년이나 달린 베테랑에게도 자세를 고치라 하고 있지만 여전히 신발은 판매하고 있다. 하지만 그들은 건강 자문위원으로서의 역할도 해내고 있다.

2009년 미국에서 판매량 1위를 차지한 신발 회사를 가지고 있는 하트너가 말했다. "나는 '당신이 달리던 대로나 계속 달려라'라고 말하는 사람이었고, 그건 아마 귀찮은 사람의 대답이지 않을까 생각한다. 그러나 지금 생각해보면 그것은 절대로 진실이 아니었다. 내 생각에는 대부분의 사람들이 달릴 때 자신들의 자세와 적절하게 착지하는 것을 연습하면 도움이 될 것 같다. 그들을 알고 그들이 어떻게 달리는지 알면 좀 더 효율적으로 도울 수 있다. 이것의 가장 큰 장점은 1분도 채 안 돼서 그들을 도울 수 있다는 것이다."

이것은 굉장히 단순하지만 이렇게 달리기의 재진화는 시작되는 것이다.

3장

연구실 속으로: 달리기 방식 측정

달리기를 더 잘하는 것은 당신의 자세로부터 나오는 것이다. 내가 말하는 것은 당신이 아는 당신의 달리는 모습이나 당신이 본 다른 선수들의 모습이 아니다. 내가 말하고 있는 것은 당신이 어떤 몸 상태이고 어떤 경력을 지녔던 간에, 현재 당신이 서 있고 달릴 때에 발생하는 생체 역학에 대해서 말하는 것이다.

달리기 자세는 뛰어난 선수들에게나 해당되는 얘기라고 생각할지 모른다. 하지만 그것은 잘못된 가정이다. 현실은 좋은 달리기 자세 역학과 자세를 고치는 것은 취미로 달리기를 하는 사람에게 더욱 중요하다. 고도의 훈련을 받은 선수들은 거의 차이가 없을 정도로 몇 초 단축시키는 것이 성공적인 것이지만, 취미로 하는 사람들에게는 좀 더 효율적이고 강한 달리기를 하는 것이 개인 마라톤 기록에 엄청난 시간 단축을 가져다 줄 수 있다. 당신이 마라톤에서 3시간 10분을 기록하던 45분을 기록하던 간에 조금만 훈련을 하고 자연스러운 달리기에 초점을 맞춘다면 당신은 3시간 혹은 3시간 30분으로 기록을 단축 시킬 수 있다. 당신의 자세를 개선하는 것이 당신의 목표 시간에 도달하는 것 혹은 보스턴 마라톤을 위한 당신 연령대 그룹의 자격 시간에 도달하는 것과는 차이가 있을 수는 있다.

당신의 몸이 자동차라고 가정을 해보자. 당신의 자동차에 네 바퀴를 모두 새것으로 넣었지만 제대로 정렬을 하지 않으면 어떻게 될까? 당연히 운전을 하고 모퉁이를 돌 때 조작하는 데 어려움이 발생할 것이고 타이어는 결국 낮은 연비의 원인이 될 것이다. 당신이 신발을 신을 때에 몸에도 같은 원리가 적용이 된다. 최고의 효율을 누리기 위해서는 당신의 정렬 상태를 반드시 확인해야 한다. 정렬 상태란 당신의 자세와 달리기 역학을 말하는 것이다.

궁극적으로 좋고 효율적인 달리기 상태는 당신의 달리기 경제성이 최적이 되도록 만들어 줄 것이다. 당신이 자세에 크거나 작은 결함이 있다면, 당신의 몸은 당신이 효율적인 자세로 같은 속도를 유지하며 뛸 때보다 훨씬 더 많은 산소를 필요로 하고 혈관에 더 많은 산소를 공급해야 한다.

자세의 중요성에 대해서 스스로 테스트를 해보자. 등 뒤에 손을 대고 운동장을 한 바퀴 돌거나 공원을 한 바퀴 돌아봐라. 당신은 평상시에 달리기 할 때보다 더 심장 박동이 빨라지는 것을 느낄 수 있다. 당신의 팔을 적절히 흔들 때 얻을 수 있는 추진력을 얻지 못하고 있기 때문이다. 심장 박동 측정기를 착용하면 더 쉽게 증명할 수 있다. 1마일 정도를 가볍게 뛰어 준비를 한 다음 400m를 뛰거나 혹은 둥그렇게 뛰어서 원의 절반 정도 위치했을 때의 심장 박동과 완주했을 때의 심장 박동을 비교해보아라. 그리고 같은 속도로 손은 등 뒤로 혹은 머리에 올린 채 뛰어 위와 동일하게 원의 절반 정도에 위치할 때와 완주했을 때의 심장 박동을 체크해본다. 같은 거리이지만 당신의 심장 박동은 10~20% 정도 더 증가했을 것이다.

이것은 극단적인 예이다. 당신은 뛰는 도중에 손이 등 뒤로 간다는 것을 알고 달리지는 않을 것이다. 작거나 큰 결함을 가지고 일부러 뛰지는 않을 것이다. 하지만 그렇게 하고 있는 것이 현실이다. 결함이 있는 자세만으로는 심장 박동이 10~20%까지 증가하지는 않지만 10 km나, 하프 마라톤, 혹은 마라톤 시에 1~5% 정도의 부담을 더 주는 것은 분명하다. 지난달에 비해 훈련을 열심히 했다고 생각했을 때 이런 충격을 생각해보아라. 당신은 이미 최적의 경제성보다 몇 퍼센트 더 낮게 운동을 하고 있기 때문에 원래 연습해야 될 양보다 훨씬 더 많이 해야만 한다면, 당신의 몸이 아프거나 자세의 결함이 더 심각해질 경우는 어떻게 될까? 당신은 더욱 훈련을 해야만 할 것이다. 당신이 10 km를 40분에 뛰고, 하프 마라톤을 1시간 45분에 뛰면서 마라톤을 3시간 15분에 뛴다면, 당신은 발 한 걸음 한걸음을 뗄 때마다 귀중한 시간을 낭비하는 꼴이고, 그에 따라서 당신이 목표로 하는 시간에 도달할 수가 없게 되는 것이다.

최적의 자세를 취하는 핵심 요소는 중력과 균형을 이루고 충분히 강해야 하며, 1~4시간 정도 혹은 그 이상 되는 대회나 경기를 소화할 수 있는 충분한 몸 상태가 되어야 한다. 어떤 선수들에게는 자세를 고치는 것이 약간의 변화부터 해서 기존에 알고 있던 것을 송두리째 변화시켜야 되는 것인 반면에 어떤 사람들에게는 나쁜 버릇 몇 개만 고치면 되는 것이다. 당신이 달리기를 막 시작한 지 얼마 되지 않았거나 오랜 경력이 있다 하더라도 당신은 적절하게 뛰도록 다시 배우고, 나쁜 버릇은 고치고, 다시 힘을 기르며 적절한 훈련을 하는 것이 필요하다. 당신이 달리는 방법을 전혀 배우지 않았다면 기회이다. 좋은 소식은 당신이 오늘부터 시작할 수 있으며 강하고 효율적으로 자연스럽게 달리는 사람이 되는 길이 열린 것이다. 당신의 몸을 살펴보고, 신체의 구조 역학을 보면서 당신이 어떻게 서고 움직이고 어떻게 달려야 할지를 살펴보는 것부터 시작해보자. 나는 이것을 '사전 훈련(프리 헵)'이라고 부른다. 이는 중력에 대해 어디서 균형을 잡아야 하는지, 정렬의 중립은 어디인지, 움직임의 대칭 등을 잡는 자세부터 시작된다.

궁극적으로, 좋고 효율적인 자세는 당신이 충격을 덜 받고 최소한의 회전력을 사용하게 만들 것이고 이는 좀 더 건강하고, 충격을 덜 받는 달리기가 되게 만들 것이다. 그리고 그것은 당신이 달릴 때 더 즐겁고, 달리면서 더 건강해지며, 더 빨리 달릴 수 있게 만들 것이다.

당신은 어떻게 달리는가?

눈송이처럼 사람마다 달리는 자세는 다르다. 당신과 정기적으로 달리기를 하는 사람 혹은 10km 대회나 마라톤에서 뛰는 사람을 다음번에 한 번 관찰해봐라. 어떤 사람은 부드럽고 편안하게 뛰는 반면에 어떤 사람은 불편해 보이며 심지어는 아파 보이게 뛴다. 달리는 자세의 결함이 큰 사람은 쉽게 눈에 띈다. 보면 한쪽으로 기울어져 있는 사람을 볼 수 있다. 어떤 사람은 한 팔을 마구 흔든다. 어떤 이는 머리를 좌우로 갸우뚱거리며 달리고 어떤 이는 몸을 비대칭적으로 뛰어 발이 질질 끌리기도 한다. 어떤 사람은 심각하게 발목이 안쪽으로 휜 회내근이나 발목이 바깥쪽으로 향하는 회외근을 겪을 수도 있다. 대부분 이런 눈에 보이는 자세 결함은 발에 미묘한 결함을 가져오거나 땅과 발이 상호 작용하는데 문제를 가져온다. 부드럽게 뛰는 것처럼 보이는 선수도 개선할 부분이 있다. 잠깐 보면 발견하지 못할 수 있지만 살짝 고통을 느끼면서 뛰다가 오래 뛰면 레이스 중반에서 고통을 호소할 수도 있고 혹은 신체 일부에 불편하면서 통증이 있을 수 있다.

달리기는 간단하지만 다음에 어떻게 해야 할지 생각이나 기술 없이 한 다리를 들은 후에 다음 다리를 디디는 것처럼 마냥 간단하지만은 않다. 자기가 달리고 싶은 대로 달리는 것은 훈련이나 적절한 자세 교육도 안 받고 골프채를 휘두르는 것이나 다름 없다. 공은 맞출 수 있어도 그것은 꾸준한 것이 아니고 18홀이 끝나면 보통의 결과 정도 밖에 얻을 수 없다.

당신이 빨리 혹은 느리게 달리던, 조깅이나 경주를 하던, 효율적으로 달리기 위해서는 움직임들의 복잡한 조합이 필요하다. 이것을 전신 운동학이라 하고 이는 발과 땅이 닿았을 때 이루어지는 감각적인 피드백을 기반으로 두뇌가 어떻게 효율적이고 효과적으로 신체를 자리 잡도록 하는지에 대한 일련의 처리 과정을 말한다(6장에서 좀 더 자세하게 다룰 것임). 굉장히 복잡한 과정 같지만 그렇지 않다. 이것은 간단하고 자연스럽지만 적절하게 달리는 방법을 배우기 위해서는 어느 정도 배우고 관리를 해야 하고, 동시에 우리가 태어나면서부터 지닌 불규칙성이나 작은 신체 순환 같은 것을 극복하거나 일상생활에서의 나쁜 습관을 고쳐야 한다.

불규칙적인 것은 마치 알아차리기도 쉽지 않을 정도로 작은 중족골 관절일 수도 있고 과운동성 발목 관절처럼 도미노 현상을 일으키는 것일 수도 있다. 중력으로부터 균형을 잡게 만드는 선수의 능력을 흐트러뜨리고, 왼쪽 발에 회내 운동을 일으키고, 그것은 왼쪽 다리 낮은 쪽이 안으로 휘게 만들고 슬개건(무릎인대 부분)이 튀어나오게 만들고 그것은 왼쪽 다리 근육과 엉덩이 부분에 더 많은 힘을 요하고, 이로 인해 엉덩이와 골반에는 더 많은 힘이 들어가고, 등 아랫부분 역시 힘이 들어가며 몸 상체의 정렬을 망친다. 이로 인해 오른팔은 더 바깥쪽으로 빠지며 머리는 오른쪽으로 약간 기울여 몸 겉모습만 균형을 맞추고자 한다. 혹은 높은 드레스 신발을 신거나 튼튼한 부츠를 오래 신어서 뒤꿈치가 약간 올라가 발목과 발을 불안정하게 망쳤을 수도 있다.

이러한 문제들은 비효율성과, 고통, 부상을 일으키기 쉽게 만들어 달리기를 재미없게 만들거나 혹은 영구적으로 달릴 수 없게 만들기도 한다.

당신의 자세 교정을 도와줄 첨단 기술

　당신의 달리기 자세가 어떤 결함이 있는지 어떻게 발생했고, 어떻게 개선할 수 있는지를 확인하는 방법은 생각만큼 어렵지는 않고 노력할 만한 가치가 충분히 있다. 1990년대 후반 많은 러닝용품점들은 고객들이 트레드밀에서 뛰는 것만 관찰하고 비디오테이프로 걸음을 녹화하는 단순한 분석만 할 수 있었다. 시작을 잘 하더라도 과정 상 몇 가지 문제점도 있었다. 첫째로 많은 러닝샵들이 실시한 테스트는 신발을 신고 이루어졌기 때문에 신발의 기하학적인 디자인이 걸음걸이에 영향을 준다는 것이다. 물론 천천히 비디오를 다시 보면서 달리는 사람이 회내 운동을 하는지, 회외 운동을 하는지 확인할 수 있지만 신발에 의해서 과도한 회전이 발생하는 경우도 있다. 그렇기 때문에 뒤쪽에서 신발을 신은 움직임을 보는 것은 크게 도움이 되지 않는다. 만약 그 신발의 뒤가 12~18mm 정도 올라가 있고 부드러운 쿠션이 대어져 있다면 달리는 사람의 발이 컨베이어 벨트에 닿을 때 과도한 회전력을 발생시킨다.

　트레드밀 테스트를 맨발로 하는 경우 굉장히 더 좋은 접근 방법인 것 같지만, 대부분 시중에 있는 트레드밀은 너무 느슨해서 달리기 걸음 패턴을 파악하는데 쉽지 않다. 느슨한 표면을 달리는 것은 보통 사람들이 달릴 자연스럽거나 혹은 부자연스러운 표면과 다르기 때문에 발이 디디는 방법이나 나머지 운동 역학들 모두 영향을 받게 된다. 게다가 만약 점원이 뒤꿈치부터 앞부분까지의 경사가 심하고 딱딱한 발포 고무나 플라스틱 안감이 포함되어 심각한 회전을 낮추기 위한 전통적인 신발을 팔고자 한다면 아무 소용이 없다. 만약 뒤꿈치가 들린 신발을 신고 달리는 사람을 보면 발 뒤에 힘을 주고 그것은 회전력을 일으킨다. 그에 따라 그 사람은 안정적이고 동작을 통제할 수 있는 신발을 신어야 할 필요가 있다고 알 수 있다. 트레드밀을 가장 잘 활용할 수 있는 방법은 측면에서 걸음걸이를 관찰하여 너무 과하게 보폭을 늘이지는 않는지 몸 중심 아래에서 발을 디디고 있는지 확인하는 것이다.

달리기 역학에 관한 과학이나 연구는 아직 걸음마 단계여서 발전해야 할 부분이 많다. 버지니아대학과 델라웨어대학, 켈거리대학의 연구소는 다른 곳에 비해 트레드밀의 힘 측정판과 스피드 카메라를 이용하여 최신 자료를 수집하여 분석하고 있다. 버지니아대학의 인내 스포츠 센터에 있는 속력 측정 클리닉은 시민들에게 300$의 비용으로 진료를 받을 수 있게 했으나 대부분의 사람들은 그 곳을 가려고 생각하지 않았다. 연구소장인 물리 치료사 제이 디케리는 수년 동안 새로 시작하는 프로 선수부터 국가 대표 선수에 이르기까지 수천 명의 선수들을 진료했다고 설명했다. 당신이 그 곳에 등록을 한다면 그는 당신의 문제가 무엇인지, 현재 상태는 어떤지, 어떻게 달리기를 하고 있었는지를 묻고 어떤 훈련을 보충하고 해나가야 하는 지에 대해 알려줄 것이다. 그리고 당신의 앞발 힘 측정을 위해 75만 달러짜리 최신 트레드밀에 올라가라고 할 것이다. 1초에 몸을 500번 찍는 고속 측정 카메라 여러 대를 종합한 후 연구소에서는 자세하게 당신에 대한 자료를 기록할 것이다. 연구소에서 기록하는 자료란 엉덩이, 다리, 무릎, 발목 회전과 관련된 관절의 각도와 디캐리가 당신의 몸이 어떻게 움직이고 원래 상태보다 어느 정도 몸이 정렬이 되지 않고 약한지를 판단할 수 있는 땅에 디디는 발의 힘 측정을 말한다. 당신이 가지고 있다면 말했을 증상을 포함하여 그런 정보를 이용해 디캐리는 약한 부위가 힘을 기를 수 있도록 도와주는 훈련을 추천해주고 당신이 건강한 달리기 선수로 다시 돌아올 수 있는 운동 역학을 향상해줄 것이다. 디캐리는 자연스러운 달리기 자세에 열렬한 지지자이고 좋은 자세의 가장 중요한 측면은 충격을 최소화 할 수 있게 몸의 중심 아래에서 발을 디디는 것이 중요하다고 믿는 사람이다.

버지니아대학의 연구소는 부상과 자세 결함에 대해서 관심이 많은 전 세계의 선수들을 적절하게 처방했다. 이것은 사람들이 효율적으로 건강하게 뛸 수 있다는 사실을 확신시켜주는 힘이 되기도 했지만, 편리성이나 비용적인 측면에서는 당신이 좋아하지 않을 수도 있다. 하지만 당신은 몇 가지의 단순한 훈련을 통해서 당신의 신체 균형과 정렬에 대한 자세를 빠르고 간단하게 살펴 볼 수 있다.

당신의 달리기 자세 판단하기

스스로 약한 부분, 나쁜 버릇과 신체 이상을 아는 것은 좋은 달리기 자세로 바꾸기 위한 첫 번째 단계이다. 당신이 평소에는 전혀 인지 못한 문제들이 보일 수도 있고 이는 달리는 동안에 갑자기 나타날 수 있다.

자가 진단

딱딱한 바닥 위에 맨발로 선 후 거울 앞에 서는 것으로 당신의 몸이 제대로 정렬되어 있는지를 확인할 수 있다. 당신의 엉덩이가 앞으로 약간 기울어있고, 골반이 왼쪽이나 오른쪽으로 비스듬히 놓여 있고 어깨와 머리도 약간 기울어져 있을지 모른다. 이런 불균형은 앞발의 다양한 비정상적인 부분과 다리 길이의 차이 등으로 일어날 수 있다. 불균형이 얼마나 심한가에 관계없이 이는 달리는 데 문제점을 불러일으킨다.

자세를 고쳐야 할 부분을 나타내는 징후를 잘 봐야 한다. 계속 당신의 발목과 무릎에 통증을 유발한다면 이는 위험한 징후라고 볼 수 있다. 어떠한 징후도 나타나지 않더라도, 당신이 몸 상태가 좋고 빨리 달릴 때 심각하게 비효율적인 달리기를 하고 있는 것일 수 있다. 당신이 나쁜 자세로도 빨리 달리거나 새로운 개인 기록을 세울 수는 있지만 당신이 그런 자세를 개선한다고 생각해보면 얼마나 더 빨라지고 좋아질 수 있을지를 생각해보아라.

다음으로는 거울 앞에 맨발로 서서 오른쪽 다리를 들어라(그림 3-1a, 3-1b). 천천히 왼쪽 다리를 살짝 구부려 보아라. 골반이 수평이지 않고 올라가거나 내려가 있는가? 엉덩이가 만약 들고 있는 오른발 쪽으로 기울어져 있다면 당신의 왼발과 발목이 회내 운동을 하기 시작한다는 것이다. 그 말은 앞발의 균형을 잡아 주기 위해 가볍고 최소한의 지탱만 할 수 있는 안감을 사용하여 왼쪽 발, 발목, 엉덩이를 힘을 길러야 한다는 말이다. 발을 바꿔서 같은 방법으로 측정해본다. 오른쪽 발을 들고 있었을 때와 같은 증상을 보일 수도 있고 아닐 수도 있다.

당신이 근육 통증을 한쪽 몸에서 느낀다면 발의 균형이 잡히지 않았다는 것을 나타낸다. 불균형은 기능적인 다리 길이 차이나 약한 내전근 혹은 엉덩이 굴근이 약해져 발생한다. 이런 증상이 지속되면 왼쪽 장경근 인대가 균형을 맞추기 위해서 만성적으로 수축되는 현상이 발생한다. 그러나 그것은 부상을 자기가 진단해서 치료하려거나 자신의 달리기가 어떤지 전문적인 기관에 가서 상담을 받지 않는 사람들의 문제이다. 두 번째로 장경근 인대 부상 같은 부상이 당신을 괴롭힐 수 있다. 이런 부상은 실제로 앞발의 불균형, 다리 길이의 불균형, 그리고 약한 코어 근육으로 인해서 발생한다.

당신은 좀 더 균형 잡힌 자세를 취하고자 서 있는 동안에 앞발을 살짝 들어 올릴 수도 있다. 철인 경기를 두 번이나 우승한 크레그 알렉산더의 경우는 2~3mm 정도 앞발을 들어야만 했다. 이것은 뭐 별로 눈에 띄는 정도는 아니지만 당신의 달리기 자세를 완전히 망가뜨릴 수 있다. 이런 균형이 잡혀있지 않고 딱딱하고 거친 표면 위에서 장거리를 달리는 것은 과도한 부상을 유발하는 주요 원인 중에 하나이다.

당신이 자연스럽지 않은 자세로부터 달리기를 시작해 왔다면 대부분의 과도한 부상은 지나친 충격과 회전 운동으로 인해 발생한 것이거나 혹은 새로 걸음을 시작할 때 힘을 부적절하게 몸을 미는데 사용하기 때문이다. 회전력은 너무 보폭을 크게 하거나 뒤꿈치를 세게 내디딜 때 더욱 증가하고 이는 안쪽 무릎 부상, 장경근 인대 부상, 정강이 통증, 근육 파열 등으로 이어질 수 있다. 과도한 추진력은 햄스트링 부상과 예를 들면 족저근막염과 같이 아킬레스건, 아래쪽 다리, 발목, 발을 잇는 연결 조직에 문제를 일으킬 수 있다. 이러한 힘

한쪽다리 유지 상태 훈련

한쪽 다리를 드는 훈련을 통해서 당신의 달리기를 하는 경향을 파악해볼 수 있다. 거울 앞에 서서 한쪽으로 다리로 중심을 잡은 후 무릎 앞쪽으로 천천히 기울여봐라.
땅에 있는 발의 발목이 안쪽이나 바깥쪽으로 기우는가?
같은 쪽에 있는 무릎 또한 기우는가?
어깨가 아래쪽으로 숙여져서 들어 올리는가?
당신의 머리가 앞이나 뒤 혹은 한쪽으로 기우는가?

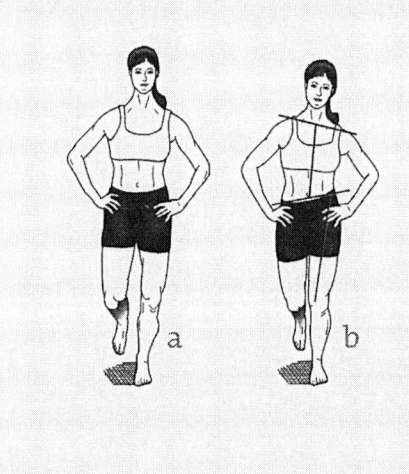

그림 **3.1**

에 관해서는 7장에서 좀 더 자세히 알아보도록 하겠다.

전문적인 도움 받기

당신의 몸에서 통증이나 불편함을 느끼거나 혹은 자세에서 무슨 이상이 있다고 생각이 된다면, 발과 달리기 자세에 대해서 생물 역학을 전문적으로 연구한 곳에 찾아가보는 것이 필요하다. 오랫동안 숙련된 물리치료사나 의사가 도움이 될 수는 있지만 그 사람들이 달리기 특정 움직임에 대해서나 앞발 균형의 중요성에 대해서 인지하지 못한다면 당신이 생각하는 만큼의 도움을 받을 수는 없을 것이다. 달리기 걸음에 관한 특정적인 행동에 대해서 많이 숙달된 사람의 경우는 당신이 어떻게 달려왔는지 작고 큰 통증은 무엇이 있는지를 물어볼 것이다.

당신이 우리 러닝 연구소와 매장을 찾아왔다면 1988년부터 많은 선수들과 사람들에게 했던 것과 같은 여러 단계를 거쳐 당신을 진단했을 것이다. 내가 가장 먼저 하는 것은 선수가 내 앞에 서 있을 때 한쪽 다리를 들어 올리는 검사를 통해서 가 사람의 자세나 중력에 대해 중심을 어떻게 잡는지를 확인해 본다. 그래야 그 사람의 자세를 확인할 수 있고 어떻게 균형을 잡는지를 볼 수 있다. 정말로 대칭적인 발과 중심 균형점을 잘 찾는 능력을 가진 사람은 뒤꿈치와 중족골 사이의 균형이 좋고 꼿꼿이 서서 머리와 어깨의 적당한 높이를 유지한다. 발가락에 거의 압력을 가하지 않는 상태로 자연스럽게 바닥을 디디고 다리, 엉덩이, 어깨, 머리는 모두 수직, 수평으로 정렬이 잘 되어 있을 것이다.

다음으로 나는 그 사람을 밖으로 데리고 나가서 달릴 때 모습이 어떤지 옆에 서서 확인을 할 것이다. 그 사람이 균형 잡혀있고 좋은 자세를 가지고 있다는 가정을 하고 발과 발목, 다리 움직임을 비롯해 발을 흔드는 것까지 대칭적인 움직임인가를 확인을 할 것이다.

그러나 실제로, 내가 보는 대부분의 사람들을 저렇게 까지 보지는 않는다. 수년에 걸쳐 많이 달린 사람은 나이, 부상, 해부의 다양한 원인들 때문에 불균형 잡힌 경우가 많기 때문이다. 특히 쿠션이 많이 들어가 굉장히 푹신하고 뒤꿈치 보호를 잘 해주는 신발을 신고 달리는 경우는 더욱 정도가 심하다. 사실은 우리는 나이가 먹을수록 근육은 잃고 지방이 늘어난다. 우리가 30, 40, 50, 60 살 일 때 20살 때처럼 날씬하거나 건강하지 않다는 사실을 받아들여라. 당신이 훈련을 못하게 하거나 재활이 필요한 경미하거나 큰 부상을 겪었었다면, 부상으로 인해 쓰지 못했던 근육을 다시 살리기 전까지는 절대로 예전처럼 뛸 수는 없을 것이다.

또한 당신이 뛰지 못했던 시간은 당신의 달리기 자세에 영향을 줄 수 있다. 예를 들면 당신이 책상이나 의장에 앉아서 일주일에 40시간 이상 일만 한다면, 그것은 당신의 달리기 자세를 바꿀 것이다. 장시간 서서 일하거나 혹은 아주 부드러운 매트리스 위에서 자는 경우에도 달리기 자세에 영향을 미칠 것이다. 각각의 경우에 당신의 몸은 자연스럽게 반응하여 중력과 균형을 잡기 위해 필요한 자세를 취하게 된다. 등이나 팔을 받쳐주는 의자에 앉아있는 것은 서거나 달리는 것에 비해 근육의 역동적인 동작을 필요로 하지 않기 때문에 다른 부위들이 발달을 하게 된다. 특히 당신이 일상생활에서 코어 근육을 충분히 단련해주지 않을 때도 마찬가지이다.

이 모든 것이 마치 조금 과장된 것 같아 보이고 "이봐요, 나는 원래 이렇게 뛰었어요" 혹은 "나는 뒤꿈치로 자연스럽게 달려요"라고 쉽게 당신의 자세가 경미하거나 큰 결함이 있다는 것에 대해서 말을 할 수 있을 것이다. 당신은 당신과 유사하거나 더 나쁜 결함을 가지고 있는데도 더 잘 뛰는 수많은 사람들을 가지고 지적할 수도 있을 것이다. 예를 들면 10km 대회에서 당신보다 더 빠르게 뛴 동호회 사람이라든지 혹은 2007년 1,500m, 5,000m 두 종목 우승에 두 번의 올림픽 메달을 획득한 베르나르드 라갓 같은 사람까지를 말할 수도 있다. 혹은 당신은 보스턴 마라톤의 상위권 그룹 사람들이나 당신의 동네에서 10 km 대회를 당신보다 잘 뛰는 사람들을 보며 왜 저 사람들은 작거나 큰 결함을 겪고 있을 까라고 궁금증을 품기도 한다. 한가지 확실한 것은 달리는 재능이 자신이 가지고 있는 자세의 결함을 어느 정도 뛰어 넘을 수 있다고 생각한다. 만약 2시간 6분으로 1등을 했던 선수가 시카고 마라톤 대회에서 자세 결함으로 인해 3등에 머물렀다면 그는 충분히 더 효율적이고 빠르게 달릴 수 있을 것이라고 생각하지 않는가? 아마 대부분의 선수들은 역동적인 힘을 기르기 위해서 훈련하고 자세 교정을 함으로써 계속해서 그들의 운동 역학을 상향 시키고 유지시킬 수 있다. 디나 카스

토르, 라이언 홀, 카라 고우쳐, 파울라 레드클리프, 멥 케플레지기, 할리 게브랄셀라시에 등 유명한 선수 또한 자신들의 역학적인 결함을 극복하고 효율적으로 달리기 위해서 훈련을 했다. 뒤에서 이들에게 권했던 훈련 방법을 소개하도록 하겠다. 중요한 것은 되풀이되는 신체적 결함일지라도 그들은 자신이 머무르고 있는 위치에서 더 올라가기 위해 연습을 한다. 물론 그들의 심혈관 능력이 경미한 신체 결함을 극복하는데 엄청난 도움을 주기는 한다. 그러나 심혈관 기능이나 신체 효율성이 아주 뛰어나지는 않아 선두권으로 도약을 못하는 선수들 또한 매우 많다는 것을 알아야 한다.

당신은 여러 가지 이유로 달리기를 할 것이다. 전체적인 정신, 신체 건강을 위해서, 빠른 기록을 위해 혹은 그냥 완주를 위해서 뛰든 다양한 이유가 있다. 당신이 10km나 마라톤에서 개인 신기록을 세우고 있다면 아마 본인은 달리기를 잘 한다고 생각할 수도 있다. 하지만 당신이 빠르게 달리면서 부상도 피하려면 효율적이고 자연스러운 달리기 자세로 뛰어야 할 필요가 있다. 이것은 매우 간단하다.

이제 당신은 좋은 자세의 중요성에 대한 개념을 알고 이런 자세를 위한 훈련의 필요성을 이해했을 것이다. 이어질 4장에서는 움직임의 과학과 왜 자연스러운 자세가 달리기를 위한 최고의 방법인지에 대해서 이야기하겠다.

신체적 결함
대부분의 사람들은 자세에 결함을 가지고 있지만 어떤 사람들은 다른 사람들에 결함을 발견하기가 쉽다. 당신이 고쳐야 할 몇 가지들의 징후를 소개해보겠다.

요란하게 달리는가?
그렇다면 당신은 과한 보폭으로 달리거나 뒤꿈치로 너무 강하게 땅을 내딛는 것이다. 당신은 심지어 두 배의 충격으로 땅을 디디는 것일 수도 있다. 먼저 뒤꿈치로 땅을 내디딜 때 충격을 받고 앞발을 앞으로 내밀면서 상당한 힘을 한 번 더 받는 것이다.

탄력 있게 달리는가?
그렇다면 당신은 뒤꿈치로 디디면서 확실하게 발을 과하게 뻗는 것이다. 매 걸음마다 뒤꿈치로 디디고 다시 새 걸음을 가속하기 위해 미는 동작에 의해 계속적으로 당신의 몸 중심은 높아졌다가 낮아졌다가 하는 것이다. 달릴 때 당신의 엉덩이를 옆에서 체크해 본다면 굉장히 들쭉날쭉해진다는 것을 알 수 있다. 그것은 효율적인 달리기가 아니다. 당신은 계속해서 추진력을 잃으면서 필요 이상 땅에 오래 머물고 다시 새로운 걸음을 위해 엄청난 근육 에너지를 사용해야 되기 때문이다.

달릴 때 앞에서 보면 아래를 내려다보는 것 같나?
그렇다면 당신은 몸의 중심을 잃어서 대신 힘을 써 다른 부위가 그것을 대체하도록 만드는 것이다. 당신의 머리는 신체에서 굉장히 무거운 부위지만 머리가 꼿꼿이 서 있으면 신체는 적은 힘으로도 자연스럽게 균형을 맞출 수 있다. 그러나 머리가 앞으로 기울거나 혹은 한쪽으로 쏠리게 되면 당신의 신체는 그것을 지탱하기 위해 훨씬 더 많은 힘을 쓰고, 그런 것은 신체의 균형을 깨버리게 된다.

달릴 때 과하게 팔이나 어깨나 상체를 꼬지 않는가?
이론 상 당신의 상체와 어깨는 팔이 정중면에서 왔다 갔다 움직이는 동안에 거의 움직이지 않고 꼿꼿이 있어야 한다. 당신의 팔이 관상면을 더 지날수록 당신은 더 비효율적으로 달리는 것이다. 당신이 팔을 흔드는 것은 앞으로 나가는 추진력을 위한 것인데 팔이 움직일 때 몸도 같이 움직인다면 좌우로 흔드는 움직임에 에너지를 써서 추진력을 최대화시킬 수가 없게 된다.

내려다 봤을 때 당신의 발을 몸 앞에서 디디는가?
보폭 중간에 내려다 봤을 때 당신의 발이 몸 앞으로 나와 있다면 과한 보폭으로 달리고 있다는 말이다. 과하게 달리는 것은 비효율적으로 뒤꿈치를 딛는 달리기를 한다는 말이다.

4장

움직임의 과학: 세 가지 보행방식

인간의 몸은 아름답고 복합적인 구조로 이루어져 있다. 당신이 어느 방향으로 움직일 수 있는 모든 특별하고 역동적인 움직임을 생각해보아라. 꼿꼿이 서서 걸을 수도 있고 뛰거나 빠르게 달릴 수도 있다. 옆으로 달릴 수도 있고 기거나, 뛰어넘거나, 돌진할 수도 있다. 우리는 회전할 수도 있고 구를 수도 있고 앞이나 옆으로 재주넘기를 할 수도 있고 우리가 신체적으로 훈련이 되어 있으면 충분히 끊임없는 곡예 동작을 할 수도 있다. 게다가 우리는 이러한 움직임을 빠르게, 느리게 혹은 그 중간 속도로 할 수도 있다. 앞으로, 뒤로, 옆으로, 대각선으로도 할 수 있다. 힘을 줘서 균형을 잃은 동작을 할 수도 있다. 그리고 우리 몸은 항상 자연스럽게 중력과 균형을 이루고자 할 것이다. 체조선수나 발레리나, 공중 그네 곡예사를 생각해보면 이를 알 수 있다. 짧게 날 수도 있고 우리가 못할 만한 것은 거의 없다. 의식적 혹은 무의식적으로 우리가 취하는 다양한 움직임으로부터 우리를 지표에서 떨어지지 않게 하려는 중력만이 유일한 제약이라고 할 수 있다.

달리기 선수로서 역동적으로 움직이는 우리의 능력을 이해하는 것은 중요하다. 몸은 우리가 표면과 중력의 상호작용을 하는 동안 그 움직임을 최대한 자연스러운 방법으로 수용하려고 하기 때문이다. 신발을 신고 달리는 것을 완전히 이해하기 위해서 우리는 표면에서 신발 없이 자연스럽게 달리는 것을 이해해야만 한다. 훈련의 일환으로써 맨발로 달리는 것은 9장에 소개되어 있지만, 이번 장에서는 맨발 달리기를 자연스러운 달리기의 기본 원리와 연관 지어 설명하고자 한다.

우리 신체가 중력과 어떤 상호 작용을 하는지부터 알아보자. 심지어 두 발로 서 있을 때에도 아래쪽으로 끌어당기려는 중력에 따라서 몸 전체의 중심을 잡고자 다리의 앞, 뒤 근육은 에너지를 사용한다. 이런 과정은 발로부터 시작하고 발은 제일 처음으로 땅을 느끼고 뇌가 균형을 잡기 위해 몸을 조작할 수 있도록 도와준다. 그리고는 삼각대처럼 우리가 균형에 다다르도록 만든다. 이것은 발과 뇌 사이에 있는 방대한 신경 시스템에 의해 복잡한 교류 과정을 통해 가능하다(그림 4-1, 4-2).

발은 정말로 복잡한 구조이고 심지어 너의 양 발조차 서로 같지 않

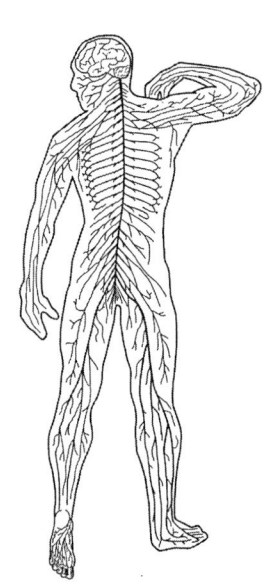

그림 **4.1** | 뇌와 몸은 방대한 신경들의 네트워크로 연결되어 있다.

다. 대부분의 발은 자연스럽게 땅 지표면과 닿게끔 위치하고 있고 몸 전체가 균형을 이룰 수 있도록 뒤꿈치, 앞발, 발가락이 뼈로 땅을 지탱하고 있다. (5장에서는 발이 자연스럽지 않게 땅에 위치해 있을 경우에 대해 설명하도록 하겠다.)

뇌가 균형 잡기 위한 명령을 내리기 전에, 발밑에 있는 표면의 자세한 부분을 이해하는 것이 필요하다. 발은 손보다도 훨씬 더 민감하다. 이는 몸 전체의 균형을 잡는 신체 역학에서 가장 먼저 다루는 부분이 발이라는 것을 생각해 본다면 이해가 될 것이다. 균형을 잡는 것은 엄청나게 중요한 일기 때문에 중족골 아래의 앞발 주변이나 발볼 주변의 피부 조직은 매우 민감하게 이루어져있다.

뇌는 발로부터 받은 감각 정보를 중앙 신경계로 즉각 반응하도록 전달한다. 땅을 보지 않고 어떤 표면이든 천천히 걷거나 맨발로 조깅하면 당신은 발이 뇌로 정보 전달하는 것에 놀랄 것이다. 표면이 차갑나 뜨겁나? 미끈한가, 거친가 불안정한가? 딱딱한가, 부드러운가? 젖었나, 말랐나? 발은 땅에서 얻은 이런 정보에 따라 발밑에서 벌어지는 일에 대해서 몸 전체가 반응할 수 있도록 한다. 달리 말하면 몸은 발밑에서 얻은 구체적인 정보를 가지고 어떻게 자세를 취하고 반응할 것인지를 결정한다.

몸 전체는 초기의 움직임에 반응한다. 머리, 어깨, 팔, 척추, 엉덩이, 다리, 발이 이에 해당한다. 놀라울 정도로 균형을 잡는 것은 우리의 몸이 똑바로 서서 중력을 이길 수 있도록 움직여준다. 이런 아름다운 인간의 움직임은 정말 중요한 행동이고 반응에 대해서 정확히 반대만큼만 움직인다. 예를 들어, 맨발로 자갈 위를 걷는 다면 당신은 고통을 그만 느끼기 위해서 발을 재빠르게 땅에서 뗄 것이다. 당신이 그렇게 하고 나면 당신의 몸 전체는 중심과 균형을 다시 잡기 위해 반응할 것이다. 당신이 얼마나 이상하게 반응하냐에 따라 빠르게 발과 다리와 엉덩이가 반응하는 것에 대응하여 팔을 허우적거릴 것이다. 당신의 발이 부드

그림 **4.2** ㅣ 발의 신경 체계

럽고 안정적인 표면에 착지한다면, 몸은 거칠게 움직이는 것을 멈추고 다시 균형 잡인 자세로 돌아갈 것이다. 당신이 자갈밭으로 뛰어들어갔다면, 당신의 몸은 균형을 잡을 수 있는 이상적인 땅을 밟고자 계속해서 뛰게 될 것이다.

  이것은 발이 굉장히 복잡하면서도 적응력이 높고 안정적이면서 나아가거나 멈추게 할 수 있는 능력이 있기 때문이다. 발은 다양한 표면에 적응을 할 수 있으며 관절로 인해 세 가지 다른 걸음걸이를 할 수 있다. 뒤꿈치로 내딛는 걷기, 중간 발로 디디는 달리기, 발가락으로 디디는 전력 질주 등이 있다. 이런 세 가지 걸음 방식의 차이점을 아는 것은 더 효율적인 달리기 역학으로 가기 위해 이해해야 할 중요한 조건 중 하나이다. 선수들의 걸음 방식에 대해 많은 논의가 있었지만 최근에 많은 연구 조사들과 물리 치료사, 의사, 코

치 등은 앞으로 나가는 움직임에 대한 걸음걸이의 뚜렷한 속력 차이가 있다고 본다. 이것에 대해서 내가 설명하는 이유는 우리의 몸은 걷는 걸음으로는 달릴 수 없게 진화했기 때문이다.

걷기, 달리기, 질주하기 이렇게 세 가지 걸음과 신발 없이 자연스러운 표면에서 이 세 가지 움직임에 따라 몸과 발의 변화를 살펴보도록 하자.

걷는 걸음

걷는 것은 매우 효율적이다. 적절한 영양과 수화작용으로 우리는 필요한 만큼 며칠 동안 걸을 수 있다. 매우 느린 속도로 움직이기 때문에 걷는 동안 몸이 받는 충격은 거의 없다. 우리는 엉덩이 부분부터 들어 올리고 이는 앞으로 가는 추진력을 위해 천천히 효율적으로 팔을 들어 올린다.

걷는 걸음에 대해서 정밀하게 들여다보는 것 대신 걸을 때 뒤꿈치, 발 중간, 앞발 이렇게 세 부분이 닿으면 발과 몸의 자세가 어떻게 변하는지 초점을 두고 살펴보도록 하겠다.

당신이 느린 걸음에서 보통걸음으로 속도를 올리면서 걷는다. 당신이 걸을 때 뒤꿈치는 그림 4-3a와 같이 발을 내디디며 표면에 적응할 것이고 이어서 중력과 중립을 이루는 정 중앙에 그림 4-3b처럼 위치하게 될 것이고 이는 그림 4-3c처럼 반대쪽 발이 땅을 밀어 새로운 걸음걸이를 시작할 수 있게 만든다. 이런 식으로 원래 앞서 있던 발은 몸 전체의 중앙보다 약간 뒤에 위치한 중간 상태에 이르게 되고 당신은 근육의 힘으로 살짝 앞으로 나아가며 새로운 걸음을 시작한다.

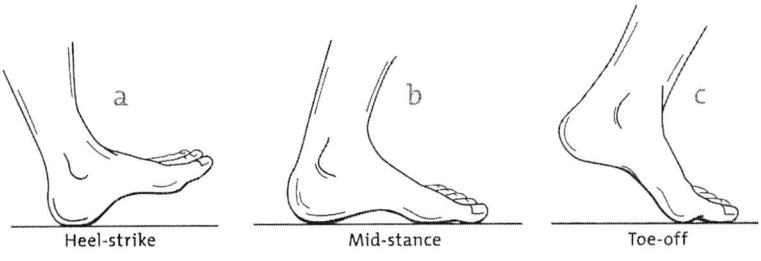

그림 **4.3** | 걷는걸음

세 가지 단계를 살펴보면서 우리는 발과 상체가 어떤 역할을 하고 걷고, 달리고, 질주할 때 어떻게 최적의 상태가 되는지 알게 될 것이다.

1단계: 뒤꿈치로 디디기

뒤꿈치뼈와 발목 신경으로 이루어진 발 뒷부분으로 움직이는 뒤꿈치 딛기는 발을 디디며 적응하는 단계이고 발과 다리는 몸보다 앞에 위치하게 된다. 이 때 발의 상태는 몸이 움직이는 곳의 표면이 변화하는 것에 적응할 수 있도록 회내 혹은 회외 운동을 하지 않으며 느슨하게 받아들인다. 이 단계에서 발목은 발을 디디면서 처음으로 받아들이는 발밑의 다양한 표면에 대해서 매우 잘 적응할 수 있다. 뒤꿈치는 몸 앞에서 땅을 딛고 이는 다음단계 전에 운동과 적응 효과를 만들어 낸다.

2단계: 중간발로 디디기

발 중간 단계에서 상체는 발 중간에 위치하고 중력과의 균형을 맞춘다. 발의 상태는 안정적이며 발가락으로 디디기를 위한 준비를 하게 된다.

3단계: 발가락으로 디디기

발가락으로 디디는 단계에서 발은 들어 올리면서 추진력을 만들어내는 자세가 된다. 상체는 이제 발가락을 떼는 것보다 앞쪽에 위치하고 있으며 몸은 앞으로 나아가게 된다.

뒤꿈치로 디디기와 발가락으로 디디기에 대한 자세한 관찰

뒤꿈치로 내딛기는 운동과 적응을 시작하는 것이고 걷는 걸음에서 주로 사용이 된다. 걷는 걸음은 우리 몸에 충격을 거의 주지 않으며 우리의 몸이 한 번에 며칠 혹은 몇 마일을 걸을 수 있게 다리와 엉덩이를 이용하여 몸을 효과적으로 민다. 세 가지 방식 중에서 가장 오랜 시간 발이 땅과 접촉하고 땅에 머물러 있는 걸음이다. 이것은 디디고, 적응하고, 고정하고, 들어 올리고, 나아가는 하나의 과정이다.

하체는 근육을 분리해서 앞으로 나아갈 수 있는 추진력에 사용한다. 걸을 때의 느린 속도 때문에 받는 충격은 거의 되지 않고 디디고 앞으로 나아가려고 하는데 사용하는 근육의 힘 또한 작다. 이는 매우 효과적인 걸음 속도이다.

앞서 말했듯이 발가락으로 디디는 단계는 앞으로 나아가기 위에 몸을 밀어 올릴 준비가 되어 있는 상태이다. 이것은 우리가 전력 질주를 할 때 쓰는 것 아닌가? 우리가 질주를 할 때 우리는 중족골과 발가락 앞에 훨씬 높이 위치해 있다. 이는 발과 다리 뒤에 있는 추진력을 가져오는 근육이나 힘줄로부터 최대한 빠른 스피드와 힘을 내기 위한 것이다. 상체는 발을 착지하는 곳보다 살짝 더 기울어져 있다. 걷는 것과 가장 정반대인 질주하는 것은 가장 적은 시간 땅에 접촉하고 머물러 있다. 발과 근육으로 몸을 밀어 올리기 때문에 몸은 오직 추진력을 내는 근육과 연결 조직만을 활성화시킨다.

질주하는 것은 비행 기제와 같다. 우리는 짧은 시간 내에만 질주를 유지할 수 있다. 질주하는 것은 20야드부터 400m까지 최대한의 힘을 끌어와 가장 빠르게 달리는 것이지만 에너지 사용에서는 굉장히 비효율적이다. 많은 근육 에너지를 사용하고 그 속도를 내기 위해서 심장과 폐에 힘을 많이 가하기 때문에 오래 지속할 수도 없다. 그러나 위에 설명한 몸과 발의 움직임은 짧은 거리일지라도 여전히 가장 효율적이고 효과적으로 최대의 속도를 끌어내는 것이다.

중간 발로 디디기에 대한 자세한 관찰

그림 4-3은 질주할 때 착지하는 것에 대해 묘사하고 있다. 그림 4-3a는 당신이 걸으며 착지하는 모습을 보여주고 중간 발로 디디는 그림 4-3b는 달리기를 할 때 땅에 발을 어떻게 내디딜 것인지를 보여준다.

달리기는 걷는 것이나 질주하는 걸음걸이가 아니다. 달리기는 지표면과 평행하게 중간부분과 발 앞부분으로 착지하는 것이다. 먼저 발볼이 가볍게 표면을 인지하고 나머지 부분은 그 다음에 가볍게 땅에 내딛는다. 이러한 발동작은 뒤꿈치로 하여금 탄력적인 반동이 생기게 하고 우리 몸은 근육과 힘줄로부터 튀어나갈 에너지를 다시 받게 된다. 상체가 앞으로 움직임에 따라 발은 다시 들어 올리기 시작해 우리가 땅으로부터 발이 떨어지게 된다. 우리 몸은 자연스럽게 달리기를 할 때 몸의 중앙 아래에서 한쪽 다리로 착지하는 일련의 동작을 하도록 되어 있다.

다음 부분에서는 달리기 걸음을 할 때를 더 자세하게 알아보도록 하겠다.

뛰는 걸음

달리기와 걷기의 가장 큰 차이점은 달릴 때 몸이 좀 더 빠르면서 보폭이 더 커진다는 것이다. 그림 4-4a, 4-4b, 4-4c를 보아라. 이것 때문에 당신은 발이 땅에 닿자마자 당신은 새로운 걸음을 바로 시작해야 한다. 그렇게 하기 위해서는 당신의 상체는 추진력을 유지할 수 있도록 계속해서 몸을 세우되 약간 앞으로 숙이는 자세를 취해야 한다.

 대부분의 사람들은 자연스럽게 걸으면서 뒤꿈치를 내딛지만 달리는 자세에서 뒤꿈치로 내디딜 때의 비효율성이나 부정적인 영향에 대해서는 잘 인지하지 못하고 있다. 달릴 때 걷는 것처럼 발을 내딛는 것은 과한 보폭을 필요로 하고 많은 충격과 회전력이 발생하고 느린 걸음이라는 결과를 가져온다. 뒤꿈치로 디디고 중간 발로 전환하는 국면에서 걸리는 시간이 더 늘어나고 추진력을 얻어 새로운 걸음을 시작하기 위해 근육과 더 많은 에너지가 가해져야 하기 때문이다.

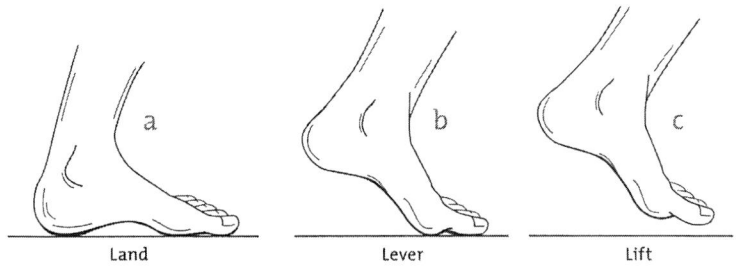

그림 **4.4** | 뛰는걸음

 걷는 걸음으로 달리는 것은 당신이 극복할 수 없을 정도로 매우 비효율적인 사이클을 가져온다. 당신의 발은 땅에 오랜 시간 머물러 있어야 하고 더 빠른 걸음을 위해 힘을 많이 써서 항상 따라가는 것밖에 할 수가 없다. 이것은 새로운 걸음을 하기 위해서 더 많은 근육의 힘이 필요해지고 상체가 계속해서 움직이며 전에 했던 걸음과 다시 동일한 자세로 돌아올 수밖에 없게 된다. 물론 걷는 걸음으로 마라톤을 할 수 있지만 효율적으로 달리는 것과는 거리가 멀다.

이런 비생산적인 사이클을 하지 않기 위해서는 발을 몸의 중앙 아래로 디뎌서 절대로 상체가 뒤쳐지면 안 되고 발로 미는 것 대신에 들어 올리는 것으로 걸음을 시작한다. 이렇게 하면 빠른 보폭으로 달릴 수 있으며 동시에 충격과 회전력은 덜 받고, 근육의 힘은 덜 사용하게 된다.

뒤꿈치로 내딛고 걸을 수밖에 없는 상황도 있을까? 그렇다. 당신이 어떤 신발을 신었느냐에 달려있다. 뒤꿈치가 많이 들린 신발을 신는다면 당신의 상체는 약간 뒤로 젖혀지고 스피드를 조절하기 위해서 뒤꿈치를 내딛게 된다. 맨발이나 자연스러운 자세가 그나마 가능한 신발을 신고 달리는 것과 얼마나 다를지 생각해봐라. 당신은 뒤꿈치로 디디지 않을 것이다. 당신의 앞발이 땅을 제일 먼저 느끼고 충격과 속도를 조절해 당신의 몸이 균형 잡힌 자세가 되도록 할 것이다.

질주하는 걸음

이 걸음은 전부 힘에 관한 것이다. 뛰는 걸음의 연장선 같지만 이 걸음 자체로도 굉장히 특별하다(그림 4-5). 짧은 순간에 폭발적인 스피드를 내기 위해서는 정말 빠른 보폭과 엄청난 근육 힘이 필요하다. 모두 짧은 거리는 질주 할 수 있지만 100m, 200m, 400m 정도 되는 거리를 전력 질주하기 위해서는 훈련이 필요하다. 뛰어난 선수들조차도 500m 이상 되는 거리를 좋은 자세를 유지하면서 질주하는 것은 불가능하다. 힘을 필요로 하는 질주에서는 선수들의 신체 상태와 속도에 따라 산소를 효율적으로 처리하는 신체 능력이 300m에서 500m 사이에서 대체적으로 떨어지기 시작한다. 800m나 1마일(약 1.6km) 정도 뛰는 대회에 출전하는 선수들은 꽤 빠른 속도와 걸음을 유지하기는 하지만 대게 마지막 바퀴에서 조금 변형된 걸음으로 질주하는 것을 빼면 뛰는 걸음으로 달리는 것이 일반적이다.

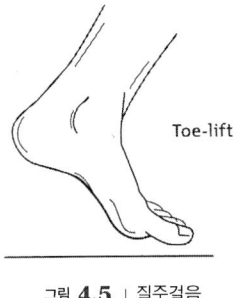

그림 **4.5** | 질주걸음

나는 수년간 이 세 가지 걸음의 차이점에 대해서 많이 설명하고 다녔고 이것이 내가 2007년에 뉴턴러닝을 설립하게 된 이유 중에 하나이기도 하다. 2010년 1월에 하버드대학 진화 생물학자인 다니엘 리에베르만이 중간이나 앞발로 디디는 것은 신발을 신었던 맨발이던 간에 뒤꿈치로 디디는 것에 비해서 훨씬 충격을 덜 받는다고 발표했을 때 나를 비롯한 말콤 바크, 대니 드레이어, 캔 미어크나 달리기 위해 태어났다 의 저자 크리스 맥도갈 같은 전 세계의 달리기 자세 교정 코치들은 전혀 놀라워하지 않았다. 버지니아대학의 다른 연구는 뒤꿈치가 올라간 신발을 신고 달리는 것은 맨발로 달릴 때보다 무릎과 골반 척추에 더 많은 충격이 전달된다고 발표했다(케리건 외, 2009).

당신 스스로 느껴봐라. 신발을 벗고 평평하고 미끈한 바닥을 뛰어봐라. 당신의 몸과 마음은 어떻게 해야 하는 지 알 것이다. 맨발은 신발의 가운데 안감 같은 것들이 없기 때문에 중력에 대한 균형을 잡을 때 어떠한 영향도 받지 않게 된다. 신발 안감에 자기 수용 능력을 흡수당하는 대신 앞발이 그러한 능력을 극대화시킬 수 있다. 발가락을 들어서 뒤꿈치를 디디거나 달리지는 않을 것이다. 대신 당신은 가볍게 발의 중간이나 앞부분을 이용하여 디디고, 보폭을 줄이며, 상체는 살짝 앞으로 기울이며 발을 미는 대신 땅에서 살짝 들어 올릴 것이다.

모든 사람은 자연스러운 달리기를 할 수 있다. 당신의 몇 살이든, 몸무게가 몇이든, 키가 얼마나 크든 상관없이 맨발이기만 하다면, 당신은 중력에 대해 균형을 잡고 땅을 인지할 수 있는 자연적인 능력을 극대화시킬 수 있을 것이다. 당신은 충격을 스스로 조절하고 자연스럽게 달릴 수 있도록 몸 전체의 움직임을 조율할 수 있을 것이다.

달리기와 신발

여태까지 나는 신발의 영향이 없이 움직이는 것과 맨발로 달리는 것에 관해 이야기 했다. 당신이 현재의 신발을 신고 있다면 어떻게 될까? 당신의 발을 디디는 것이나 몸의 움직임은 어떻게 변할까?

발이 감각을 느끼고 교류하는 것의 과정은 맨발일 때 가장 잘 이루어진다. 그러한 감각의 상호작용은 신발을 신고 있을 때도 일어나지만 신발을 통해 땅을 느낄 수 있을 경우 더 잘 일어난다. 전통적인 러닝화처럼 안창이 두꺼운 경우 이러한 감각은 다 흡수되어버리고 만다. 더 안타까운 것은 대부분의 러닝화처럼 10~18mm 정도 뒤꿈치가 들려있을 경우에는 발의 중간 부분에서 자연스럽게 땅을 느끼는 것을 어렵게 만든다는 것이다. 들린 뒤꿈치는 땅을 디딜 때 가장 먼저 접촉하는 부분이 된다. 또한 이 신발을 신고 걷는 순간에 당신의 몸은 그 신발로 인해 들려버린 뒤꿈치에 맞는 자세를 취하고자 다시 적응을 하려고 하게 된다.

그런 자세는 어떤 모양이고 어떻게 느껴질까(그림 4-6)? 여기서 바로 알아 볼 수 있다. 딱딱한 표면 위에서 작은 책이나 카드 꾸러미 같은 작은 물체를 당신의 뒤꿈치에 받혀놓고 팔을 옆으로 붙인 채 똑바로 서 봐라. 그렇게 할 때 균형을 잡기 위해서 당신의 무게가 뒤로 살짝 쏠리는 것을 느낄 수 있을 것이다. 머리도 살짝 뒤로 젖혀지며 등 아랫부분은 약간 굽고 엉덩이는 앞으로 기울어지며 뒤꿈치에 많은 무게가 실리게 되기는 하지만 당신은 여전히 안정되고 균형 잡힌 상태일 것이다.

다시 한 번 말하지만 당신의 발이 어떻게 되든 간에 당신의 몸은 알아서 균형을 잡게 될 것이다. 당신이 모카신을 신던 굽 높은 카우보이 부츠나 여성용 드레스 신발을 신던 간에 관계가 없다. 당신의 발이 땅에 평평하게 있지 않는 이상 몸은 항상 균형을 이루고자 할 것이다. 전형적인 러닝화를 신은 것처럼 뒤꿈치가 들린 경우에는 균형 유지를 위해 등 아래쪽 근육이 긴장을 더 하게 만들고 무게가 뒤로 쏠릴 것이다. 이것은 자연스럽지도 않고, 쉽지도 않으며, 달릴 때 비효율적인 자세이다 그리고 궁극적으로 당신의 최적인 달리기 자세와 경제성과는 거리가 멀어질 것이다.

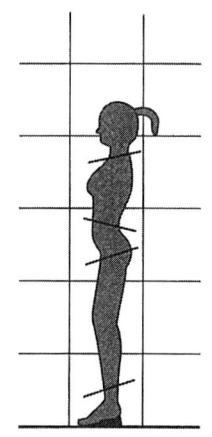

그림 **4.6** | 뒤꿈치가 올려진 상태

5장

생체역학으로 보는 발: 정밀한 검사

당신이 남은 일생을 맨발로 보낸다면, 발 모양이 지금과는 꽤 달라질 것이다. 아마 발바닥은 우리 발보다 훨씬 거칠어 질 것이다. 발은 더 넓어지고 평평해지며 발 안의 연결 조직과 근육들은 강하게 발달되어 있을 것이다.

자연스러운 달리기 자세는 당신의 발부터 시작되는 것이고 장거리를 부드럽고 효율적으로 달리려면 튼튼한 발과 유연한 종아리 근육을 가지고 있어야 한다. 서구 문화권에서는 안전하고 강한 맨발 달리기를 위한 힘을 일반적으로 발이 가지고 있지 못하다. 그들은 어렸을 때부터 어떤 종류의 신발이든 신어왔기 때문에 대부분은 당신이 생각하는 것보다 훨씬 약하다. 좋은 소식은 맨발로 걷거나 조심스럽게 뛰는 것으로 당신의 발 상태를 강하게 할 수 있다는 것이다. (9장에서 좀 더 자세히 다룰 것이다.) 나는 종종 맨발로 달리는 것을 실험하는 것에 대해 관심 있어 하는 선수들과 생각을 나누면서 일상적으로 긴 거리를 맨발로 달리기 전에 발 근육 강화를 위해 최소 일 년 이상의 시간을 들여야 한다고 말해준다.

세계 곳곳의 맨발 달리기

올림픽에서 맨발로 뛰었던 남아공 대표 선수인 졸라 버드와 나는 함께 뛸 기회가 몇 번 있어 굉장히 즐거웠다. 1980년대 중반 그녀가 십대였을 때 맨발로 달리면서 그녀는 2000m, 3000m, 5000m에서 세계 기록을 새우고 국가 대항전에서도 두 번이나 우승을 차지했다.

졸라는 트랙에 긁히지 않으려고 앞발에 테이프를 붙였다고 했지만 그녀는 맨발로 자랐고 맨발로 달리는 것에 편안했다. 그녀는 자연스럽지 않은 도시의 트랙에서 뛰는 것은 발이나 신체에 굉장히 무리를 가져왔다고 말했다. 너무 뜨겁고, 거칠며, 충격이 직접적으로 전해져서 훈련을 하는 동안에는 신발을 신을 수밖에 없었다. 그녀는 맨발 달리기에 대해 이야기를 나누며 그녀의 발이 그 당시 얼마나 단단했는가에 대해 말해주었다. 나이가 점점 들면서 발의 근육이 약해졌고 그녀가 맨발로 뛰는 횟수는 점점 줄었다. 그녀는 자연적인 표면에서는 맨발로 달리는 연습을 하고, 자연스럽지 않은 표면 위에서는 러닝화를 신고 자연스러운 달리기 자세를 교정하는 복합 훈련이 부상 예방에 많은 도움이 되었다고 말한다.

케냐, 에티오피아나 동 아프리카 국가에서 세계적인 장거리 선수들이 많은 주요 원인 중에 하나는 그들이 맨발로 자라왔고 십대까지 맨발로 걷고 뛰었기 때문이다. 그렇기 때문에 그들은 강한 발을 가지고 있으며 땅 표면에 대해 감각을 매우 잘 느끼고 전달할 수 있었다. 이는 그들이 자연스럽고 효율적인 자세로 뛰는 것이 가능하게끔 만들었다. 일본을 포함한 많은 아시아 국가들에서는 사람들은 집에서 맨발이나 얇고 가벼운 슬리퍼를 신고 있고 밖에 나갈 때는 땅을 느끼기 위해 최소한으로 얇고 평평한 신발을 신는다. 그들의 철학과 이념을 바탕으로 이런 신발을 신는 것은 강한 발을 만들어주었고 일본의 뛰어난 달리기 선수들이 자연스럽고 유연한 자세를 가질 수밖에 없었다.

나는 한국에서 달릴 기회가 있었는데 그곳은 일반 대중들에게 운동할 수 있는 공간을 따로 확보해놓았다. 그 공원과 도보를 따라 있던 열린 공간은 일반적인 운동기구와 함께 스트레칭을 할 수 있거나 무예를 수련할 수 있는 장소였다. 발을 위한 공간들 또한 사람들이 맨발로 걸을 수 있도록 다양한 사이즈의 돌들이 땅에 박혀 있었다. 그것은 반사 요법이라 불리며 몸 전체의 건강을 위해 압점을 자극하고 발의 경락을 자극한다. 이러한 활동 역시 강한 발을 만들어주고 발이 스스로 몸의 압력을 조절할 수 있도록 땅과 교감할 수 있는 능력을 증진시켜 준다.

달리는 표면: 자연적인 표면 VS 비자연적인 표면

자연적인 표면에서 맨발로 달리는 것만큼 자연스러운 것은 없다. 당신이 푹신한 잔디, 모래, 먼지 위를 달릴 때 당신의 몸은 가벼운 발걸음으로 어느 땅을 디뎌야 할지 안전하고 효율적으로 느끼고 반응한다(그림 5-1). 우리 중 많은 사람들은 그냥 신발을 벗어 던지고 맨발로 달리면 되는 것으로 생각하기 쉽다. 그러나 위에 언급했듯이 그렇게 하기 위해서는 시간과 인내가 필요하다. 몸의 어떤 부위를 운동하던 간에 발의 구조와 힘을 강하게 하는 것이 필요하다.

그림 **5.1** ㅣ 자연스러운 지면에서의 자연스러운 달리기

모래사장이나 잔디 골프장 같은 자연적인 표면은 매우 달리기 이상적인 곳이다. 표면이 부드럽고 예측이 가능하며 당신의 독특한 발 구조도 자연스레 펼 수 있으며 표면에 대한 적응력을 키워나갈 수 있기 때문이다. 실제로 포장도로나 콘크리트로 된 도로를 달릴 때 생기는 발의 불균형이 이런 자연적인 표면에서는 일어나지 않는다. 왜 그럴까?

당신이 달리면서 발의 중간이나 앞으로 가볍게 디디면 발이 살짝 땅에 들어가고 본질적으로는 표면에 대해 발의 불균형을 맞추려고 한다. 모래, 풀, 먼지들이 당신이 가지고 있을 발의 불균형을 채워주고 자연스럽게 앞발이 균형을 맞출 수 있도록 만든다. 아치나 뒤꿈치 역시 마찬가지로 땅에 의해 채워진다. 이것은 마치 자연 속에 있는 지지대나 마찬가지이다. 땅은 발이 어떤 모양이든 그에 맞는 윤곽을 따른다. 발이 딱 맞는다면 너는 탄력적으로 반응하여 쉽게 발을 떼고 힘들이지 않고 달릴 수 있다. 이것이 적은 충격으로 자연적인 표면에 살짝 착지하면 바로 이것이 우리가 달리기 위해 태어났다는 것이다. 당신은 앞발로 땅을 느끼고 중력에 따라 몸의 자세를 변화시킨다. 발과 땅이 접하는 사이에는 거의 에너지가 쓰이지 않는다.

반대로 일반적인 러닝화를 신고 아스팔트나 콘크리트 같은 비자연적인 표면을 달리는 것은 발과 땅 사이에 인공적인 접점을 형성한다. 딱딱한 바닥은 발이 생물 역학적으로 자연스러운 표면을 받아들이지 못하게 하며 우리가 생물 역학적으로 적응하고자 하는 능력은 신발 안감에 흡수되어 제한적이게 된다. 계속 바뀌는 자연적인 표면과 달리 우리는 일정한 표면을 계속해서 돌아야만 한다. 계속적으로 반복적인 움직임만을 갖기 때문에 사소하게 움직임이 잘못되어버리면 근육 파열 혹은 관절, 힘줄에 문제가 생긴다.

발을 정밀하게 검사함으로써 당신이 가지고 있는 비정상적인 부분은 무엇이고 어떻게 이것이 문제가 되었는지를 알 수 있다.

발 검사하기

어떤 방식의 걸음이던 간에 발이 몸의 움직임 중에서 제일 중요한 역할을 한다. 발은 표면을 느끼고 어떻게 움직일지 뇌에게 정보를 전달하여 궁극적으로는 몸의 균형을 맞출 수 있게 한다. 또한 우리의 몸이 모든 방향으로 나아가고 적응하고 안정적이게끔 만든다. 달리기 선수라는 것만으로도 발이 신체 부위 중 가장 중요할 것이다. 그러나 많은 선수들이 당연하게 발을 받아들이고 발이 다치거나 이상이 있는 것에 대해서는 신경을 그다지 쓰지 않는다. 그럴 만도 한 것이 발은 무의식적으로나 힘을 들이지 않고 움직이는 데 쓰이기 때문이다.

발은 26개의 뼈와 100개의 근육, 200,000개의 신경 그리고 방대한 인대와 힘줄, 근막, 혈관, 피부 등으로 이루어져있는 매우 복잡한 기관이다. 발을 자세히 검사해보면 달리기 메커니즘을 포함에 몸 전체에 충격을 주는 미묘한 차이점에 대해서 알 수 있다. 만약 당신의 발이 같은 길이 일지라도 넓이, 유연성, 움직임의 범위, 구조, 힘, 안정성 등을 포함해 많은 부분에서 다르다. 당신은 이러한 차이점을 지니고 태어났다. 다른 것들은 당신의 일상 습관에서 비롯된 것이다. 당신이 신는 신발, 당신이 겪었던 작거나 큰 부상, 혹은 뒤틀린 골반이나 다리길이, 근육의 불균형 때문에 한쪽 발을 더 선호하는 습관 등에 의해서 형성된다. 재활이 필요한 심각한 부상이 아니고 굳은살, 물집, 관절의 뼈 돌출, 뒤꿈치나 발볼의 통증 같은 작은 변화도 당신의 달리기에는 큰 영향을 미칠 수 있다.

발 부위

발은 뒷발, 중간 발, 앞발 이렇게 세 부분으로 나눠 볼 수 있다(그림 5-2). 각각의 부위는 자연스러운 달리기에서 서로 다른 역할을 수행하기 때문에 알 필요가 있다. 뒷발은 뒤꿈치와 발목 신경계를 포함하고 특히 걷는 걸음에서 디디는 역할과 적응하고 균형을 맞추는 역할을 한다. 발뒤꿈치뼈는 탄력적인 반동을 주고, 뒤꿈치가 잘 디딜 수 있게 하여 신체의 균형을 잡아주지만 그것이 달릴 때의 충격을 모두 받아들일 수 있다는 의미는 아니다.

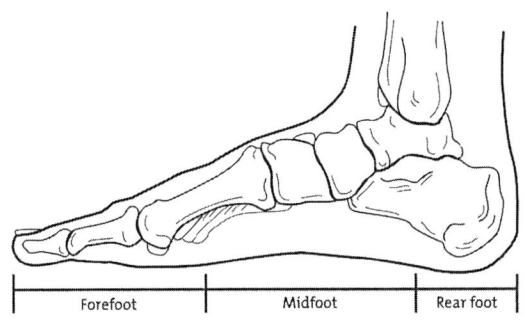

그림 **5.2** | 발의 세가지 부위

중간 발은 주로 아치형으로 된 부위를 말하고 이는 중족골 근처로 발을 디디며 달릴 때 발목, 다리, 코어 근육과 함께 자연스러운 통제 시스템을 역할을 한다. 발이 땅을 디뎠을 때, 충격은 발, 발목, 낮은 다리, 상체, 엉덩이, 코어근육, 낮은 등 근육을 통해 바로 통제가 되고 분산되며 약해진다. 중간 발로 디디는 것은 또한 상체가 중간 발 바로 위에 위치하고 있을 때, 발목에 안정감을 주고 고정을 시켜준다. 궁극적으로 중간 발에 있는 근육, 근막, 뼈는 뒷발과 앞발 사이에서 안정과 통제를 시키는 역할을 한다.

마지막으로 앞발은 발볼과 발가락을 포함한다. 앞발에서는 아주 감각적으로 정보를 받아들이고 땅에서 발을 뗄 때의 추진력을 내는 역할을 한다.

발의 종류

이러한 분류 이전에 모든 발이 해당할 수 있는 4가지 전형적인 발의 종류가 있다. 당신의 발이 어떤 종류인지 아는 것은 어떤 신발이 필요하고 어떻게 당신의 달리기 역학을 더 향상시킬 수 있는지 잘 이해할 수 있다. 아래에 구분할 때 도움이 되도록 설명은 하지만 가장 좋은 방법은 전문가나 발병 전문가에게 찾아가서 확인해보는 것이다.

뻣뻣한 평발

뻣뻣한 평발은 바닥에 딱 붙고 아치가 거의 없으며 회전 또한 거의 일어나지 않는다. 가장 보기 힘든 종류의 발이다. 맨발로 다니는 사람들은 더 평평한 발을 가지고 있지만 어떤 사람들은 태어날 때부터 평발인 사람들도 있다. 뻣뻣한 평발은 꽤 안정적이기는 하지만 일반적인 러닝화는 잘 맞지 않는다. 일반적인 러닝화는 높은 아치형 발을 받쳐주도록 제작되었고 일반적인 사람들보다 이 사람들은 아치가 없는 만큼 발 모양이 넓어서 그런 신발이 적합하지 않다.

유연한 평발

유연한 평발은 가장 흔한 발 모양으로 상대적으로 높거나 일반적인 아치의 높이를 가진 발을 말한다. 하지만 뒤꿈치로 걷거나 달릴 때 회내 작용이 많이 일어난다. 중간 발이나 앞발로 착지할 때는 나중 단계의 회내 작용이 일어나면 그것은 과도한 앞발의 불균형에 적정을 유지하려고 한다. 이러한 발은 회내 작용으로 인해 부딪히는 것을 막고자 바깥쪽으로 약간 벌려서 걷거나 발 옆쪽으로 걷는 경향이 있다. 안쪽으로 발이 굽는 것은 결국 아래 다리와 무릎, 엉덩이, 등에 과도한 회전력을 일으키게 된다.

중간형 발

이 발은 굉장히 운이 좋은 발이고 흔하지 않다. 달리기 선수 중에서 일부만이 이런 발을 지니고 있다. 신발에 잘 맞고 전형적으로 결함이 잘 없기 때문에 좋은 발이라고 하는 것이다. 보통의 아치 높이를 가지고 있고 뒷발이나 앞발에 과도한 움직임을 부르지도 않는다. 뒤꿈치로 디딜 때 다시 새로운 걸음을 시작하려면 많은 힘이 필요하고 이는 장골근막에 문제를 일으키거나 아킬레스건이나 비장근, 햄스트링 같은 추진력을 가져다주는 조직에도 문제를 일으킬 수 있다. 그러나 앞발로 디디면 무릎이 그 발에 따라가고 그 자세만큼 엉덩이와 등 아래가 따라온다. 이것을 달리 말하면 자연스럽게 당신이 원하는 대로 움직인다는 것이고 자연스러운 달리기가 꽤 잘 소화할 수 있다는 것이다.

뻣뻣한 발

이러한 발은 아치가 굉장히 높고 뒤꿈치의 위치가 앞발보다도 더 높이 있다. 이러한 발을 가지고 있는 사람은 뒷발은 회외 운동을 하면서 중간과 앞발은 바깥쪽으로 동시에 향하기 때문에 앞발에 횡방향으로 불균형을 가져온다. 뒤꿈치로 걸으면 이러한 발은 종종 발목과 무릎, 엉덩이, 장경근에 힘과 충격을 많이 가하게 된다.

적셔서 하는 테스트

당신의 발 유형을 아는 가장 정확한 방법은 발 전문가에게 상담을 받는 것이지만 어떤 유형인지 스스로 대강 알 수 있는 테스트가 있다. 적셔서 하는 테스트(웻 테스트)라고 불리는 이 방법은 어떤 아치 형태를 가지고 있나 확인하기 위해서 종이 위해 젖은 발로 도장을 찍는 것이다.

물을 양동이에 가득 채우고 발밑 바닥을 적셔보아라. 발을 빠르게 빼서 갈색 종이 쇼핑백이나 신문, 어두운 색깔의 작업 종이에다가 찍어라. 발을 정확히 아래로 내리고 재빠르게 떼라. 젖은 발로 인해 만들어진 모양을 보고 그림 5-3에 나온 것 중에 하나에 해당하는지를 확인해 본다.

평평한 아치

당신의 발 모양이 크고 넓다고 끝으로 갈수록 점차적으로 좁아지는 모양이라면 그것은 아마 그림 5-3a처럼 평평한 발일 가능성이 높다. 이런 고정적인 테스트도 당신이 뻣뻣하거나 유연한 발인지 알려줄 수 있지만 자가 진단을 위해 수직인 자세에서 한쪽 다리를 들어 무릎을 굽히는 방법도 있다. 당신의 발목이나 중간 발이 안쪽으로 굽는다면 회내 운동을 하는 것이고, 앞발이 뒷발의 회내 운동을 가중시키기도 하는데 그건 당신이 꽤 평평하거나 유연한 발을 가졌다는 것이다. 당신이 계속 웅크리고 있는데 발목과 발이 안정되어 있으면서 무릎은 계속해서 아래쪽 다리를 따라 움직인다면 그것은 당신이 안정적인 앞발을 가졌다는 좋은 신호이다.

높은 아치

종이 위의 젖은 발자국을 보면 극단적인 경우를 볼 수 있을 것이다. 앞발은 굉장히 좁고 내려오면서 측면은 가늘어지고 마치 뒤쪽 발은 다른 부분인 마냥 떨어져 있으면서 마치 다른 부분과 단절된 것 같은 모습일 것이다(그림 5-3b). 이 말은 당신이 정말 높은 아치를 가지고 있으며 회내 혹은 회외 운동을 할 것이라는 이야기이다. 하지만 당신이 강하고 발달된 발만 가지고 있다면 꽤 적당한 달리기 선수가 될 수 있을 것이다.

보통 아치

찍힌 발자국 모양이 앞서 말한 두 가지의 중간 정도라면 보통의 아치를 가진 것이다. 이는 그림 5-3c에서 볼 수 있듯이 앞발은 넓고 아치인 중간 부분까지는 점차적으로 가늘어지다가 다시 뒤꿈치 부분에서 넓어지는 것을 말한다. 보통 아치라고 부르는 것은 적당한 정도의 회내 운동을 하기 때문이다.

뒤꿈치로 발을 디디거나 균형을 잡으려고 할 때 발이 회내 운동을 하는 것은 자연스러운 것이다. 회내 운동을 한다고 해서 걱정할 필요는 없다. 당신이 중간 발로 딛고 발뒤꿈치와 발목이 고정되고 안정된다면 사실상 사라진다.

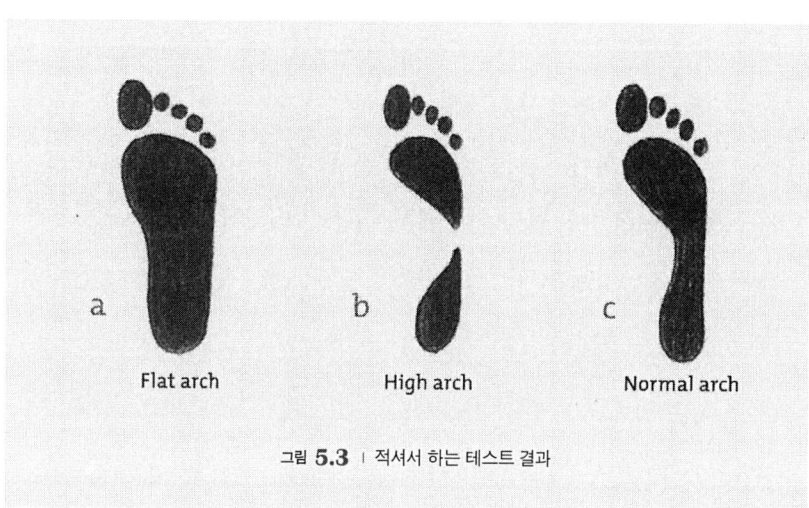

그림 5.3 | 적셔서 하는 테스트 결과

발의 불균형

많은 사람들은 길이와 중족골의 구조, 중족골 관절의 안정성 문제로 인해서 균형적이지 못하며 이는 모두 발 역학에 영향을 준다. 이러한 불균형은 땅에서 발을 뗄 때 회전력을 일으킨다. 앞발의 안쪽이 어긋난 채로 표면을 디디면 발목은 움직여 회내 운동을 하고 앞발의 측면이 어긋나있다면 회외 운동을 한다는 것이다. (앞발이 균형을 잡지 못한다고 하더라도 뒷발은 모든 표면을 잘 느낄 수 있다는 것을 기억하라. 그래서 앞발이 뒷발과 같은 높이에서 위치하지 않을 때, 뒷발은 앞발이 이동하는 방향으로 따라 이동을 한다.)

이러한 불균형을 전족 내반이라고 부른다. 이것은 땅에서 발을 땔 때 마지막 단계의 회내 운동이나 안쪽으로 휘어 부딪히게 된다.

전족 내반은 발목이 중립적이고 앞발이 약간 떠 있다는 것이고, 발목이 앞발을 땅에 붙이고자 회내 운동이 일어나는 것이다(그림 5-4a, 5-4b). 이런 불균형적인 상태를 없애기 위해서는 특별 제작한 정렬된 것을 교정해줄 가볍고 비스듬한 모양의 간단한 보조기를 앞발 중간쯤에 넣어주는 것이 좋다.

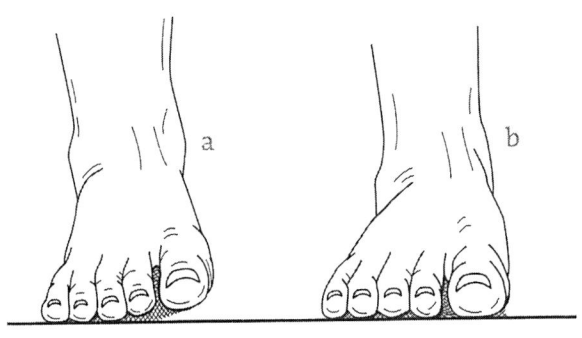

그림 **5.4** | 교정이 없는 그리고 교정이 있는 발볼 내반슬

몰톤의 발이라는 유형은 또한 회내 운동 마지막 단계를 불러일으키기도 한다. 이것은 중족골이 짧고 공간이 떠 있으면서 발목이 중립일 때 나타난다(그림 5-5). 뒤꿈치 혹은 발 중간 부분으로 디디며 앞으로 나아갈 때 발목은 첫 번째 중족골을 땅에 닿게 만들고자 회내 운동을

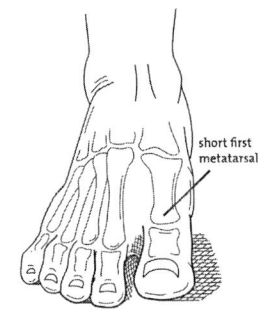

그림 **5.5** | 몰톤의 발 유형

한다. 이 역시 첫 번째 중족골 관절 밑에 몰톤 익스텐션이라는 보조기구를 넣어서 회내 운동을 막을 수 있다.

앞발이 회전 운동하는 다른 가능성으로는 전족 외반을 들 수 있다. 이는 발목이 앞발의 측면을 땅에 닿게 하려고 회외 운동 하는 것을 말한다(그림 5-6a, 5-6b). 이러한 불균형은 전족 내반과 반대되는 불균형이다. 앞발의 측면이 약간 떠 있고 발목은 균형을 잡고자 회외 운동을 하는 것이다. 전족 외반에서 회외 운동을 막으려면 외반 보조기구라는 가볍고 비스듬한 모양의 기구를 발 측면에 끼워주면 된다.

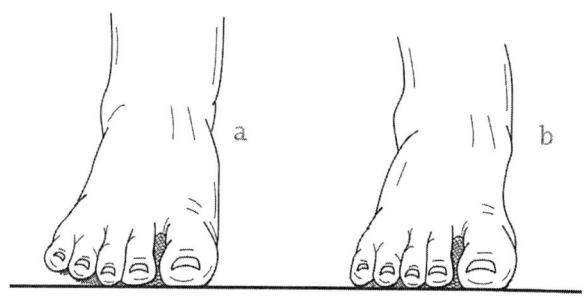

그림 **5.6** | 교정이 없는 그리고 교정이 있는 발볼 외반슬

지금까지 당신은 발의 유형과 상태에 대해서 살펴보았고, 러닝화를 신고 비자연적인 표면을 뛸 때 생기는 충격이 당신의 발에 생물역학적으로 어떤 영향을 끼치는지 알아보도록 하자.

남용 부상

특히 뒤꿈치로 걸을 때와 불균형적인 앞발, 다른 비정상적인 형태와 같이 제각기 다른 발과 발 유형은 다양한 발 남용 부상을 일으킨다. 달리기 부상에 관해서는 7장에서 자세히 다루겠지만, 회내이던 회외이던 뒤꿈치로부터 발에 과도한 회전력이 전달되는 것은 몸 전체에 남용 부상을 일으킬 것이다. 발이 과도하게 돌아가면, 발목은 물론, 아래 다리, 무릎, 허벅지, 엉덩이, 등 아래까지 모두 돌아가게 된다. 이렇게 뒤꿈치로 전해지는 충격을 포함해 몸 위쪽까지 올라가는 회전력은 장경인대 증후군을 비롯해 정강이 파열, 아킬레스건 염증, 족저근막염, 슬개대퇴 통증 등 달리기 선수들이 일반적으로 겪는 부상을 유발한다.

이런 부상은 고통스러운 것은 말할 것도 없고, 계속적으로 건강을 유지하면서 달리기를 하려는 사람들에게는 좌절감을 느끼게 할 수도 있는 상황들이다. 당신만이 이런 좌절감을 느끼는 것은 아니다. 여러 연구들은 달리기를 하는 사람의 절반 정도는 이러한 부상을 매년 겪고 있고 25년 동안 계속 이러한 현상이 지속되고 있다고 한다(반 미세렌, 1994; 반 미들쿱 외, 2008).

발뒤꿈치로 달려서 달리 말하면 걷는 걸음으로 달리는 것으로부터 과도한 뒷발의 회전을 발생시켜 일어나는 이러한 부상들을 줄이거나 없앨 수 있는 자연스럽고 더 나은 달리기 방법이 있을 것이다.

자연스러운 달리 걸음으로 부상 피하기

맨발로 달리는 것과 유사한 발 앞이나 중간 걸음으로 달릴 때 당신의 발의 유형은 더 이상 고려할 필요가 없어진다.

4장에서 앞서 말했듯이, 여러 대학에서 진행되어 온 연구 조사들은 몸의 중앙부분에서 발 앞이나 중간으로 가볍게 디딜 때 우리가 자연스럽게 달릴 수 있다는 것을 보여주었다. 이렇게 자연스러운 걸음으로 달리는 것은 우리가 뒤꿈치로 디디면서 달릴 때 발생하는 회외나 회내 운동 같은 발 뒤의 생물 역학적인 문제에 대해서 걱정할 필요가 없게 만들어 준다. 중간발로 디디면 우리는 완전히 발목의 충격과 움직임을 분산시킨다. 상체가 중간 발을 디디는 것과 나란해 질 때 발은 안정적이면서 고정이 된다. 당신이 중간형 발이거나 안정적인 발이라면, 당신의 발과 몸은 균형 이 잘 잡히고 최소한의 회전력만을 가지고 다음 걸음을 시작할 수 있게 된다. 안정적이지 않은 발을 가졌다면 앞발의 회외나 회내 운동을 해야만 할 것이다.

발 앞부분이 안정적이면서 중간 부분과의 높이도 같을 때, 뒤 발의 회전력은 작아지기 때문에 상, 하체는 자연적으로 잘 정렬될 수밖에 없다. 결과적으로 새로운 보폭을 시작할 때 발과 다리를 드는 데 밀 필요가 없기 때문에 과도한 추진력이 필요 없어지게 된다. 이런 식으로 자연스러운 달리기 자세를 가지고 달릴 수 있게 된다.

신발 신고 달리기

일반적인 신발과 반복적인 걸음으로 콘크리트와 아스팔트 같은 딱딱한 표면에서 뛰게 되면 발은 표면에 적응을 할 수가 없게 된다. 그렇기 때문에 지표면을 느끼고자 충격력과 회전력을 훨씬 더 사용하게 된다.

뒤꿈치가 높은 러닝화로 인해 몸의 중심이 바뀌고 달리는 사람이 그 신발에 적응이 되어버렸다면, 신발밑창에서 뚜렷하게 움직임이 드러나는 것을 볼 수 있다. 예를 들면, 한쪽의 신발이 다른 쪽에 비해 더 빨리 닳 것이다. 하지만 그것은 무슨 일이 벌어지는지 한 측면만 본 것이다. 실제로 신발 안쪽에서는 꽤 다른 일이 벌어지고 있을 수도 있다. 불행하게도 달리는 사람과 러닝화 판매 직원은 어떻게 뛰는지 알아보기 위해서 신발 안창을 보는 일은 거의 없다. 현재는 뉴턴러닝연구소인 콜로라도 볼더의 엑티브 임프린츠 연구소에서 22년 동안 우리는 신발의 밑창 고무가 어떻게 되는지에 초점을 두기보다는 신발 안쪽에서

그림 **5.7** | 신발의 외부는 측면이 닳았음을 보여준다.

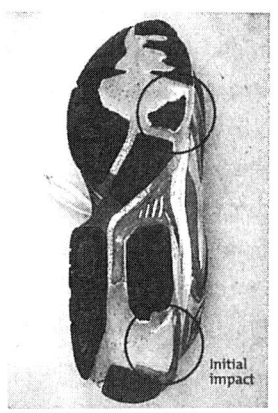

그림 **5.8** | 밑창의 고무가 측면이 닳았음을 보여준다.

발이 어떻게 움직이는지를 보기 위해 신발 안창의 패턴에 대해서 연구해 왔다(그림 5-7, 5-8). 안창으로부터 얻는 이런 핵심 정보는 좀 더 자연스럽고 효율적인 발 역학을 위해 앞발을 불균형으로부터 균형 잡도록 도와주는 역할을 한다.

몇 개의 간단한 질문을 통해 실제로 어떤 상태인지 본질을 알 수 있게 된다. 예를 들면 과하게 회내 운동을 하는 것 같다며 문제점을 상담 받으러 왔다면 나는 어떤 신발을 신는지 물어볼 것이다. 대개 발 중간에 딱딱한 발포 고무가 들어간 종류의 신발인 경우가 많다. 바깥쪽 부분을 들여다보고 그가 주로 신발 측면으로 발을 디디는지 확인해 볼

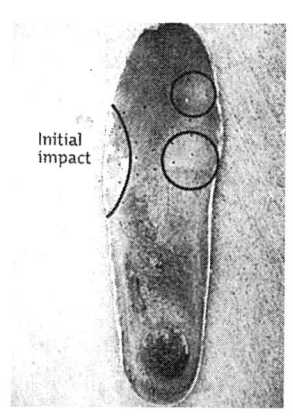

그림 **5.9** | 안창이 중간이 닳았음을 보여준다.

것이다. 그런 다음 안창을 신발에서 꺼내서 그림 5-9처럼 뒤꿈치에서 발가락까지 회외 운동이 일어나는지를 확인해 볼 것이다. 달리 말하면 바깥 부분의 패턴과 반대 작용이 일어나는지 볼 것이다.

안창이 실제로 발의 움직임을 보여주는 것이고 바깥은 그에 따른 대응 결과를 보여주는 것이다. 그것을 알지 못하면 선수 신발 안쪽의 발이 더 안쪽으로 들어가려고 하기 전에 표면에 적응하고자 더 많은 시간을 들여 발 바깥쪽으로 땅을 디디게 된다. 이러한 과잉보상은 회전하는데 드는 시간을 증가시킨다. 바깥쪽에서 안쪽으로의 회전은 발과 하체 쪽의 모든 관절과 신경에 더 많은 회전력을

가하게 된다. 어떤 일이 벌어지는지 정확한 그림을 그리는 것은 내가 그의 문제를 해결해주는 데 도움이 된다.

일반적으로 뒤꿈치가 들린 일반적인 신발을 신고 달릴 때 몇 가지의 현상이 벌어지고는 한다. 시작하는 사람들이 뒤꿈치가 들린 신발을 신으면 뒤꿈치와 평행하고자 하는 발로 인해 몸 전체에 충격을 더 가하고 뒷발에 회전력 또한 더욱 실리게 된다. 더 오랜 시간에 땅에 머무르고 더 많은 회전력과 충격은 처음 발을 디디면서 걸음의 중간에 이르기까지 많은 시간을 허비하게 된다. 그리고 나서는 다시 새로운 걸음을 위해 수직의 진동을 만들면서 밀어 올려야만 하고 이는 달리기에서 가장 비효율적인 것이라고 할 수 있다. 그 결과 당신은 비자연적인 표면에서 뛸 때 더 많은 충격을 견뎌야 하고 달리기 위해 훨씬 더 많은 에너지를 사용해야만 한다.

러닝화의 발 앞부분을 이루는 물질 특성은 발 앞부분의 불안정을 야기하는 요소이다. 전족 내발을 가지고 있는 달리기 선수의 경우 앞발이 신발의 안쪽과 정확하게 접촉하지 않기 때문에 계속에서 부딪히고 돌게 된다. 이런 현상이 반복됨에 따라 신발의 안감은 닳게 되는 것이다. 실제로 달리는 사람은 표면에서 발을 떼기 전에 회전력의 시간과 강도가 점점 증가하게 된다. 더불어 다시 가기 위해서 많은 근육의 힘을 사용해야 하고 이는 족적근막이나 아킬레스건, 종아리 근육, 무릎, 장경근 인대, 엉덩이 근육의 수축을 일으킨다. 몰톤의 발 유형에서도 역시 마찬가지이다.

누군가가 전족 내발을 가지고 있다면 그의 발은 신발 바깥쪽으로 휠 것이고 신발의 측면은 그 방향에 따라서 더 마모될 것이다. 발이 보조기로 지탱이 되지 않는다면 마모된 각도 때문에 측면 발목과 무릎, 엉덩이에는 더욱 더 긴장이 가해질 것이다.

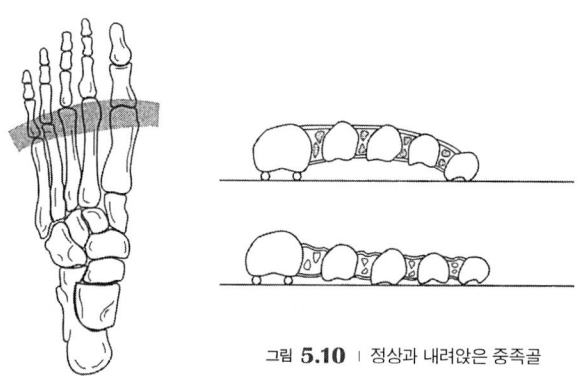

그림 **5.10** | 정상과 내려앉은 중족골

선수의 발이 변형되면서 생기는 또 다른 문제는 앞발의 중족골이 내려앉는다는 것이다(그림 5-10). 일반적인 중족골은 발 측면에서부터 약간 아치형이고 중앙보다 약간 높이 있다. 힘을 주면 발볼이 표면까지 구부러진다. 이때가 표면을 가장 잘 느낄 수 있는 상태이다. 중족골이 힘을 받아서 구부러질 때 그 압력은 신발의 발포 고무 모양을 움푹 파이게 변형 시킨다. 중족골은 딱딱한 표면으로부터 지지되는 것이 아니고 위, 아래로 움직인다. 중족골이 앞부분에서 떠있는 공간 사이를 움직이는 것은 신경의 마찰을 일으킬 수도 있다. 마찰로 인해 염증이 생기면 선수는 신경종이 생기거나 중족골 앞쪽 부위에서 극심한 고통을 느낄 수 있다. 이를 예방하는 것은 중족골 패드를 이용하여 중족골이 좀 더 자연스러운 자세 속에서 지탱이 되는 것이다. 또한 신발 안쪽에서 발이 균형 잡히지 않는 이상, 달리기 선수들은 2~3배 이상 많은 회전력을 느낄 수밖에 없다.

당신 발 앞쪽의 생물학적 역학을 이해하고 적절하게 균형을 맞춤으로써, 발의 어긋나는 문제를 크게 줄이거나 없앨 수 있다. 그러고 나서 당신은 땅에 발을 평행하게 위치시킬 수도 있고 적당한 자세를 취하다가 발을 들어 올릴 수도 있다. 앞발, 발목, 무릎, 엉덩이는 딱딱하고 부자연스러운 표면에서 달릴 때 생기는 반복적인 회전력으로부터 보호 받을 수 있고 수직으로 잘 정렬될 것이다.

어떤 능력이든 어떤 유형이든 모든 달리기 선수는 발 앞부분의 균형을 잡는 것만으로도 도움을 받을 수 있다. 나는 취미로 달리기를 하는 사람부터 철인 삼종경기 챔피언으로 유명한 크레이그 알렉산더 같은 유명 선수까지 균형 잡는 것을 돕는다. 알렉산더의 경우 첫 번째 중족골에 몰톤 익스텐션을 넣어서 앞발의 균형을 맞추어 주었고 그는 철인 삼종 경기에서 가장 빠르고 효율적인 선수가 될 수 있었다.

6, 7, 8장에서는 최적의 달리기와 연관 지어 발의 역학에 대해 더욱 자세히 설명하겠다. 지금까지 앞서 말한 모든 발의 특성이 비자연적인 표면에서 자연스러운 달리기를 할 때 어떻게 연관이 되는지를 기억하는 것이 매우 중요하겠다.

6장

물리학적으로 보는 달리기: 전신 운동학

 자연스러운 달리기는 몸 전체가 움직이는 것이다. 앞선 5장에서는 발의 유형, 발의 차이, 그리고 걸음에 대해 알아보았다. 그러나 자연스러운 달리기가 단순히 어디서 어떻게 발을 땅에 디디는 것이 아니라는 것을 이해하는 것이 매우 중요하다. 그것은 본능적인 마음과 몸의 연결에 의해서 이루어지는 전신의 움직임이다. 달릴 때 당신의 몸이 취하는 많은 동작들은 몸이 중력에 대해서 균형을 계속적으로 잡고자 뇌에 의해 의도적으로 취해지는 동작들이다.

 4장에서 말했듯이 우리가 만드는 어떤 움직임이든 우리의 뇌는 신경계를 통해 정보를 받고 계속적인 움직임이나 예상되는 변화에 맞게 움직일 수 있도록 신체가 적절한 자세를 잡게 조정한다. 예를 들면, 비행기 계단을 오를 때 당신의 뇌는 다시 땅을 밟고 균형을 잡는 과정 전에 바닥에 딱딱한 바닥이 있고 그것을 오르기 위해서 정확히 매 걸음마다 12인치만큼 각각 앞으로, 위로 움직여야 한다는 것을 인지한다. 당신의 뇌는 즉각적으로 공간적인 정확성과 리듬을 인식하고 계단에 오르기 위해서 해야 할 세밀한 움직임을 신체에 명령한다.

　다른 예로는 줄넘기가 있다. 줄넘기는 매우 간단한 운동이지만 각각 다른 정도의 집중력과 자기 수용력, 보폭, 균형 등을 요구한다. 당신은 머리 위로 줄을 넘기고 그 줄이 바닥에 오면 하나의 자연스러운 동작으로 박자에 맞게 넘어야 한다. 계단을 오르거나 달리는 것처럼 줄넘기 역시 전신 운동학을 필요로 한다.

　먼저, 당신이 뛰어 오를 때 도입부에서 말했듯이 당신이 취하는 움직임을 위해 자연스러운 통제 시스템으로써 유연한 무릎과 발목이 사용된다는 것을 아는 것이 중요하다. 다음으로, 뛰어 오른 후 당신은 발 앞부분으로 착지한다는 것이다. 매번 뛸 때 마다 줄을 돌리고 뛰는 박자를 유지하고 계속적으로 추진력을 얻기 위해 팔과 몸은 균형 잡힌 자세로 착지 할 수 있도록 자세를 잡는다.

　달리기나 역동적인 움직임에는 이런 전신 운동학이 동일하게 적용된다. 당신이 철조망 담장에 매달려서 땅으로 훌쩍 뛰어내리는 것과 같이 일상적이지 않은 움직임을 할 때에도 당신의 몸은 가능한 안전하고 부드럽게 착지할 수 있도록 움직일 것이다. 처음 시도할 때는 우스꽝스럽게 땅에 엎어질 수도 있다. 그러나 연속적으로 시도하면, 당신의 몸은 떨어지는 높이와 땅의 상태에 적응하여 세밀하게 조절하게 된다. 여러 번 같은 동작을 시도해보면 당신의 뇌는 떨어지는 높이와 착지하는 바닥을 인지하고 어떻게 중심을 잡고 안전하게 착지 할 수 있는 지를 이해하기 때문에 당신은 가능한 효율적으로 착지할 수 있게 된다.

저렇게 무작위로 하는 행위와 맨발이 아닌 쿠션이 푹신하게 들어간 러닝화를 신고 뛰는 것 사이에는 직접적인 연관성이 있다. 당신의 뇌는 가장 효율적이고, 효과적이고, 안전한 방법으로 달리고자 할 것이다. 당신이 일반적인 뒤꿈치가 들린 러닝화를 신고 있다면 당신의 뇌는 뒤꿈치로 걷고자 할 것이다. 신발이 구조상 뒤꿈치를 디디는 걸음이 가장 효율적이게 만들어져 있기 때문이다. 물론 이것이 확실하게 최적의 달리기를 할 수 있는 방법이 아니지만, 뇌는 장기적으로 봤을 때 미치는 부정적인 영향보다 현 상황에서 실질적으로 취할 수 있는 방향으로 결정을 내린다. 당신이 맨발이라면, 뇌는 중간이나 앞으로 딛는 걸음과 함께 땅에 사뿐히 디딜 수 있도록 명령을 내릴 것이다. 자연적인 움직임으로 적응하는 것과 혼동하면 안 된다. 많은 현대의 달리기 선수들은 일반적인 러닝화를 신고 비효율적으로 달리는 것에서 가장 효율성을 느낄 수 있도록 적응해왔다.

신체와 정신의 연결을 극대화하기

자연스럽게 달릴 때 우리가 가장 좋고, 건강하고, 효율적인 달리기 자세를 취할 수 있게 만들어주는 두 가지 요소가 있다. 첫째는 몸이 중립이 되거나 중력과 균형을 이루는 것이고 두 번째는 특히 앞발로부터 오는 감각이다. 뇌는 마치 효율적인 컴퓨터 같아서 모든 데이터가 적절하게 들어오면 당신이 달릴 때 어떻게 하는 것이 좋을지 즉각적으로 반응한다. 좋은 자연스러운 자세로 달리고 있다면 머리, 팔, 다리가 어떻게 움직여야 하는지 생각할 필요가 없다. 정신과 신체는 연결되어 알아서 처리하기 때문이다.

앞서 말했듯이 걸음 유형 분석과 몇몇의 과학 연구는 맨발로 자연스럽게 달릴 때 인간은 발 중간이나 앞부분으로 디딘다고 밝혔다. 당신의 앞발은 자연스럽게 달리며 발을 내디딜 때 땅을 느끼면서 당신이 서 있는 땅에 효율적이고 효과적인 자세를 취하며 달리는 역학을 결정하기 위한 운동 연쇄 현상이 시작된다. 무의식적으로 당신은 미끄럽거나 젖었거나, 돌이 많거나, 끈적거리거나, 경사지거나, 평평한 것처럼 다양한 땅의 유형에 따라 조금씩 자세를 바꾼다. 뇌는 앞발의 상호작용으로부터 얻는 감각적인 피드백을 받아서 몸이 적절한 자세를 취하게 명령하기 때문이다.

당신의 몸이 발이 땅을 느끼는 상호 작용이 부족하거나 신발로 인해서 불균형한 자세, 나쁜 습관, 과거 부상, 선천적 신체 결함 등 다양한 부분들을 극복하고자 한다면 이러한 능력이 타협점이 되어 줄 것이다. 여전히 당신의 뇌는 극복하고자 하는 것을 바탕으로 몸이 적절한 균형을 찾고 적응할 수 있도록 돕는다. 이러한 적응은 역동적인 움직임을 위한 전신 운동에 영향을 미친다.

운동학적으로 본 신발의 충격

자연스럽게 달리기 위해 우리가 극복해야 하는 여러 가지 중에는 우리가 통제할 수 없는 것들이 있다. 그런 것들을 극복할 수는 있지만 대개 오랜 시간이 걸린다. 그러나 신발의 경우는 우리가 매일 결정할 수 있는 것이고 이러한 결정이 우리 자세의 부정적인 영향을 끼치거나 나쁜 습관을 만들어 낼 수도 있다. 러닝화나 우리가 평상시에 신는 신발 모두에 적용이 되는 말이다.

몸은 항상 중력과 균형을 이루고자하기 때문에 균형 잡힌 자세는 몸 전체가 반응을 하고 몸 스스로 중심을 잡고자 한다. 달리 말하면 몸은 인기 있는 러닝화, 높은 굽의 드레스 슈즈, 먼지가 가득 낀 카우보이 부츠, 1980년대 방한 부츠 등 불균형적인 이러한 신발들에서도 균형을 이루고자 한다.

12~15mm나 뒷굽이 있는 신발을 신으려 한다면 당신의 몸은 균형을 이루기 위해서 기울어진 자세를 취하게 될 것이다. 당신이 바로 서 있다 하더라도 당신의 몸은 균형을 잡으려고 기울어질 것이다. 당신의 무릎은 원래 유연한 용수철 같아야 하지만 대신에 고정되기 시작할 것이다. 엉덩이는 쏠리고 등은 약간 구부러지며 상체는 뒤로 젖혀질 것이다. 무릎과 엉덩이, 척추 아래쪽에는 더 많은 압박이 가해질 것이다.

이런 자세는 절대로 최적의 자세가 아니다. 저런 자세로 뛰려 한다면 몸은 계속해서 그에 맞는 자세를 취하려고 움직여야만 한다. 매 걸음마다 타협점으로 찾은 균형을 유지하는 자세로 움직일 것이다. 가장 일반적인 결과가 뒤꿈치로 디디는 것이다. 뒤꿈치로 디디는 것은 몸이 재빠르게 균형을 이룰 수 있도록 만든다. 이래서 많은 사람들이 '나는 원래 뒤꿈치로 디디는 사람이에요', '나는 게을러질 때 뒤꿈치로 걸어요'라고 말한다. 그러나 사실은 원래 그렇다는 것이나 게으를 때만 그렇다고 하는 것은 전혀 관계가 없다. 전부 몸이 뒤꿈치가 들린 신발에 대해 몸이 균형을 잡고자 하는 현상일 뿐인 것이다.

발이 땅에 따라서 어떻게 상호 작용을 하고 이로 인해 몸의 움직임이 어떻게 바뀌는지 살펴보자(그림 6-1). 맨발로 서서 발 옆쪽에 같은 두께의 받침을 발뒤꿈치나 발가락에 넣으면서 똑같이 자세를 취해 볼 수 있다.

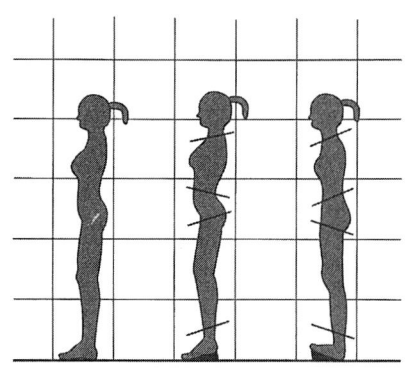

그림 **6.1** ㅣ 지면과 평행한발, 뒤꿈치가 올라간 발, 발 앞부분이 올라간 발

지면과 평행한 발

당신의 발이 지면과 평행하고 상체가 수직으로 서 있다면 발 중간 부분에서 균형점을 느낄 수 있을 것이다 그리고 그 지점이 바로

당신이 서 있는 지점이 된다. (맨발이던 지면과 평행한 신발이던 상관은 없다.) 당신은 그 자세에서 균형을 잡고 있는 것이고 당신의 뇌는 맨발로 달릴 때 전신 운동학에 따라 당신의 몸을 비슷한 자세로 유지시켜 효율적이고 쉬운 달리기가 되게 만들 것이다.

뒤꿈치가 올라간 발

당신의 뒤꿈치가 1/2 인치 정도 들려있다면 어떤 일이 벌어질까? 당신은 더 높아진 지점으로 인해서 중심을 다시 잡아야 하고 발바닥 아래에서 균형점도 다시 잡아야 한다. 엉덩이는 앞쪽으로 기울고, 아래쪽 등은 아치형으로 굽고, 상체는 뒤로 젖혀지게 된다. 이 자세로 땅과 평행하게 달리는 것은 굉장히 어려운 일이다. 뒤꿈치가 땅에 먼저 닿거나 혹은 몸이 뒤꿈치로 디딜 때 균형점이라는 것을 알고 있기 때문에 이 자세에서 당신은 뒤꿈치로 디디며 걷게 될 것이다.

발 앞부분이 올라간 발

발가락 부위가 가장 높이 올라가 있으면 어떻게 될까? 발레 슈즈나 농구화 같이 점프와 리바운드를 위해 특별히 제작된 신발이 아니라면 이런 구조로 생긴 신발을 보는 것은 정말 흔치 않다. 이러한 종류의 신발을 신고 선수들은 이제는 앞부분에서 균형점을 찾고자 할 것이다. 골반은 약간 뒤로 밀리며 등도 뒤로 향하고 상체는 앞으로 숙여지며 종아리와 힘줄은 최대로 늘어나게 된다.

그림 **6.2** | 자연스러운 달리기 자세를 연습하는 선수

 당신이 균형을 잡고 발은 땅과 평평하게 유지되어 있다면, 몸이 따로 타협점을 찾을 필요가 없다. 살짝 앞으로 기울이면 당신은 앞으로 고꾸라질 것이다. 다리를 들어서 몸 뒤쪽으로 발을 놓고 다시 몸을 동일하게 기울여봐라. 이렇게 몸을 기울이고 발을 떼는 것을 반복하면 바로 자연스럽게 달리는 것이 된다(그림 6-2)! 기회가 된다면 어린 아이들이나 마라톤 세계 최고 선수들이 달리는 것을 봐라. 그 자세는 당신이 태어나면서부터 몸이 기억하고 있는 자세이면서 가장 효율적인 달리기 자세이다. 어느 구간에서건 당신이 달릴 때 근육, 심장, 폐가 최소한의 에너지로 효율을 발휘할 수 있도록 만들 것이다.

멈추기, 밀기, 뛰기

당신이 눈이나 얼음 혹은 다른 미끄러운 표면에서 뛰어봤다면 발이 착지하고 몸 전체가 중심을 잡는 것이 얼마나 어려운지를 알 것이다. 내가 얼음 위를 달린다고 치고 나는 뒤꿈치로 디디기 위해서 몸 앞쪽에 뒤꿈치를 위치했다. 내 상체는 뒤꿈치로 디디는 것보다 뒤에 위치한다. 그러면 나는 뒤로 미끄러져 엉덩방아를 찧을 것이다. 반대로 앞부분으로 디디며 민다고 생각해보면 앞으로 고꾸라져 얼굴을 부딪히게 될 것이다.

그러나 만약 내가 발목과 무릎을 유연하게 하여 중간 발과 발 앞부분을 이용해 살짝 착지하고 상체는 발 바로 위해 수직으로 위치해 있다면 얼음을 안전하게 훨씬 잘 건널 수 있다. 나는 계속해서 중심을 잡고 있고, 얼음을 세게 딛거나 미는 것 대신 천천히 발을 대고만 있기 때문이다. 이러한 상황을 통해 세게 딛고 미는 것이 얼마나 비효율적인지를 보여준다.

달리기 자세 코치로서 나는 몇 년 동안 이렇게 말했다. "달릴 때 마찰이 너의 적이다!" 마찰은 멈추는 것이고, 제동력은 당신의 속도를 느리게 만든다. 뒤꿈치로 디딜 때 마찰이 발생한다. 뒤꿈치로 디디는 것은 충격을 또한 증가시키고 발 뒤의 회전력을 몸 전체로 이어지게 만든다. 당신이 발가락으로 세게 밀거나 끌어당길 때 역시 모두 마찰력을 일으킨다. 당신이 단거리 질주를 한 다면 이로 인해 더 많은 근육과 신경 조직에 힘과 스트레스를 주게 된다.

발 앞부분을 내리고 몸 앞에서 발 앞부분으로 착지하는 것은 일반적이지 않은 것은 아니지만 약간은 드물다. 그러면 상체는 착지하는 발 위에서 중심을 잡을 시간이 생기고 앞발로 필요할 정도로만 제동을 한 후에 엄청난 추진력으로 전환 시킬 수 있게 된다.

어떤 선수들은 매 걸음마다 소리와 마찰을 일으키며 발이 끌린다. 이것도 일종의 제동이라고 볼 수 있다.

그림 **6.3** | 몸을 살짝 앞으로 굽히고 무릎을 들어올리는 자세의 크렉 알렉산더

달리면서 마찰을 줄이기 위해 당신은 땅을 느끼면서 몸의 중심 아래에서 착지를 하고 발을 드는 것이 필요하다. 몸의 중심 아래에서 착지함으로써 당신은 용수철과 같은 몸 아래쪽의 움직임을 통해 충격을 조절할 수 있고 엉덩이 굴근을 이용해 다시 뛰어오를 수도 있다. 그림 6-3처럼 몸을 살짝 앞으로 굽히고 몸이 올라갔다 내려갔다 하는 것을 줄이면 당신은 충격을 덜 받으며 에너지를 앞으로 가는 방향에 사용할 수 있다.

2장에서 말한 MIT 공대와 같이 일을 하면서 나는 최근 다시 달리기를 시작한 알렉스 스로컴이라는 기계 공학 교수를 만날 수 있었다. 그는 러닝화 시장이 다릴 때의 움직임에 관한 물리적인 요소보다 스포츠 아이콘이나 예쁜 것을 만드는 데에만 현안이 되어 있다고 생각했다. 그는 물리학 같이 입증된 과학적인 사실을 근거로 더 연구할수록 선수들이 더 몸의 자세를 최적화할 수 있게 만들 수 있다고 말했다.

그는 몸 앞에서 땅을 디디고 상체는 약간 뒤로 젖힘으로 해서 생기는 지속적으로 멈추는 동작은 앞으로 나아가는 추진력에 대응된다고 지적했다. 게다가 추진력을 유지하기 위해서 미는데 힘을 사용하는 것은 위아래로 움직이는 수직 진동을 증가시킨다. 수직 진동은 선수가 매 걸음마다 오르락내리락 튕기는 효과를 말한다. 수직 진동의 범위가 클수록 선수는 달리는 효율성이 떨어진다는 것이다. 자연스러운 달리기에서는 수직 진동이 최소화된다. 제동이 적게 되고 새로운 걸음을 시작할 때 추가적으로 땅을 미는 힘이 필요하지 않기 때문이다(그림 6-4).

그림 6.4 | 자연스럽게 달릴 때 수직 진동이 최소화 된다.

그러나 뒤꿈치로 걸으면서 특히 느리게 뛰며 보폭은 과하게 벌릴 때 수직 진동의 범위는 굉장히 넓어지고 그에 따라 시간과 에너지가 추진력을 유지하는데 더 많이 쓰여 비효율적인 달리기를 할 수밖에 없게 된다.

땅에서 당신이 얼마나 떨어지는 것과는 별개로 중력은 항상 당신을 아래쪽으로 끌어당긴다. 떨어지는 거리가 더 길수록 당신은 더 많은 충격을 받게 된다. 그러나 스로컴은 우리가 달릴 때는 중력은 우리를 위해 혹은 우리에게 반대로 영향을 주지 않는다고 말했다. 비효율적이고 부자연스러운 뒤꿈치로 달린다면 우리는 우리 자신과 싸워야 하는 것이다.

자연스럽지 않은 표면에서 얻는 충격과 진동으로 인해 근섬유가 손실되는 경우가 많다. 그렇기 때문에 달리면서 근육을 회복하는 데 더 많은 시간이 소요된다.

이런 방식으로 달리는 것은 발이 몸의 균형을 맞추기 위해 땅에 닿을 때 회전함에 따라 몸이 적응하는 국면에서 많은 시간이 걸리고 이런 뒷발에서의 회전력은 무릎, 엉덩이, 등 낮은 쪽에 영향을 끼치게 된다.

케이시 케리건 박사가 이끈 버지니아대학 연구팀은 2009년 12월에 맨발로 걷는 것보다 뒤꿈치가 들린 러닝화를 신고 달리면 발목 관절, 무릎, 엉덩이에 상당히 많은 충격을 더 가한다고 밝혔다(케리건 외, 2009). 맨발로 달리는 것보다 러닝화를 신고 달리면 평균적으로 엉덩이 안쪽 회전은 54% 증가했고, 무릎 구부리는 회전력은 36%, 무릎 안쪽 회전은 38%가 각각 증가했다. 연구는 이런 추가적인 압력은 무릎과 엉덩이의 부상과 골관절염을 불러일으킬 수 있다고 결론지었다.

일부 코치들은 '중력으로부터 끌어당기면서 나아가라'라고 말한다. 그러나 '끌어당기며 앞으로' 나가는 것은 당신이 앞으로 나가는 추진력에 크게 도움을 주지는 않는다. 자연스럽게 발 앞과 중간으로 디디면서 달리는 동안 평균적으로 몸의 중심은 땅에서 같은 거리만큼 떨어져있다. 앞으로 나아간 상체의 자세는 당신이 중력의 중심 아래에서 적절하게 발을 디디면서 달릴 수 있도록 해준다. 그렇기 때문에 불쑥 올라왔다 내려갔다 하는 진동을 줄일 수 있다. 또한 비자연적이고 딱딱한 표면을 달릴 때에도 충격을 줄여주고, 근육과 관절에 무리가 덜 가게 해준다.

알렉스 스로컴이 말했듯이 중력의 중심에서 진동하는 움직임을 최소하기 위해서 발을 잘 디디고 자세를 잡는 것은 우리 몸 움직임의 역학이다. 자연은 효율적인 달리기를 할 수 있도록 진화시켰고 우리는 맨발로 달리게 진화되었다. 선수들은 맨발로 달리는 것을 알아야 하며 적어도 자연스러운 달리기가 가능한 신발을 선택해야 한다. 몸 중심 아래서 착지를 하고 충격을 덜 받게 하는 신발을 신고 달린다면 당신은 더 효율적으로 달리고 수직 진동을 덜 하게 될 것이다.

효율적으로 경제적으로 달리기

수년 동안 나는 개인적인 몸의 화학적 성질과 과학에 대해서 이해를 통해 어떻게 더 튼튼한 선수를 만들 수 있을까에 관해서 많은 문헌을 읽었다. 대부분의 문헌은 최대산소섭취량과 유산염 임계값이 두 가지를 알아야만 한다는 것이 공통적이었다. 최대산소섭취량은 산소를 운반할 수 있는 몸의 최대 수용 능력을 말한다.

최대산소섭취량과 심박 수 훈련영역을 아는 것은 다른 강도에서 당신이 적절하게 훈련을 받을 수 있도록 도와준다. 나이가 들면 최대산소섭취량은 떨어지더라도 훈련을 받는 시기 동안은 그 변화가 줄어든다. 다양한 영역 안에서 적절한 훈련을 하는 것은 당신이 장거리 달리기를 하는 사람으로서 그 능력을 향상시켜주는 데 핵심이다.

유산염 임계값을(혹은 유산소 임계값)을 아는 것은 시간에 맞춰 움직임을 했을 때 당신의 몸 상태에 대해서 알 수 있게 해준다. 유산염 임계값은 유산을 억제하는 기능이 유산 분비 비율을 일정하게 유지하지 못하는 값을 말한다. 개인의 유산연 임계값에서는 축적되는 혈중 젖산이 증가하고 결과적으로 일정 단계에서 느끼는 피로감 또한 증가한다. 유산염 임계값은 당신의 최대산소섭취량의 특정 비율이고 이것은 적절한 훈련을 통해 향상될 수 있다.

적절한 역학

장거리 선수로서 당신의 효율성을 증가시키기 위한 수단으로써 달리기 역학을 향상시키는 것은 어떨까? 이러한 두 가지 요인은 기사나 훈련 계획을 세울 때 많이 논의되는 부분이다. 하지만 대부분 더 많은 거리를 연습하고 달리는 선수가 달리기 경제성에서는 훨씬 더 뛰어나다는 것을 보여주었다.

우리는 이제 달리기 역학이 달리기 경제성을 향상시키는 데 굉장히 중요한 역할을 한다는 사실을 알고 있다. 달리기 경제성은 당신이 5km, 10km, 하프 마라톤, 마라톤에서 좀 더 빨리 달릴 수 있게 더 긴 시간 동안 높은 강도로 뛸 수 있다는 것이다 알렉스 스로컴은 그것 안에 숨겨진 주요한 요소를 설명했다. 자연스러운 자세로 달림으로써 발이 몸 중심 바로 아래서 가볍게 디뎌지고 몸은 수직 진동을 적게 하게 된다.

요점은 자연스러운 자세로 달리면 달리기 효율성을 향상시킬 수 있다는 것이다. 달리기 효율성과 달리 최대산소섭취량은 일정하고 유산염 임계값은 적절한 훈련을 몇 주간 받아야 향상될 수 있다. 당신은 오늘부터라도 당장 자세를 향상시키기 위해 변화를 줄 수 있다. 이 말은 몸이 적절하게 자세를 취하게 되면 심장, 폐, 근육 등이 어떤 속도라도 힘을 최소한으로 들이고 능력을 발휘할 수 있다는 것이다. 몸의 중심 아래에서 발의 중간과 앞부분으로 가볍게 디디고, 약간 앞으로 상체를 기울인 체 서서, 팔꿈치를 90도로 구부리고 몸에 가깝게 붙여 팔을 흔드는 자세를 취하며 약간 보폭을 넓게 하는 자연스러운 달리기는 달리기 할 때 최적의 경제성을 가져다 줄 수 있다.

달리기 경제성은 당신의 신체 상태에 따라 얼마나 빨리 달리고, 얼마나 빨리 회복될 수 있는지를 결정하는 궁극적인 요소이기 때문에 매우 중요하다. 예를 들어 비슷한 신체 조건과 비슷하게 훈련을 받은 두 선수가 있다면, 달리기 경제성이 더 뛰어난 효율적인 선수가 그렇지 않은 선수에 비해 훨씬 더 많은 거리를 달릴 수 있다. 올림픽 1500m 나 뉴욕 마라톤에서 종종 볼 수 있는 현상이다. 이렇기 때문에 자연스러운 달리기 자세로 바꾸는 것이 선수들에게 매우 중요하다는 것이다.

다른 예로는 만약에 어떤 선수가 3시간 안에 마라톤을 완주하도록 적절한 훈련을 하고 있다면 26.2마일이나 되는 레이스를 완주하기 위해서 가장 필요한 것은 그 선수가 유산소 운동을 기반으로 약간의 무산소 운동이 복합된 적절한 훈련, 적절한 휴식, 회복, 적절한 영양 섭취와 수분 섭취, 효율적인 달리기 자세 등을 통해서 경제성이 최적인 상태로 달리기를 할 수 있게 하는 것이다. 이 중 하나라도 미달된다면 그건 바로 선수의 기록에 반영이 될 것이다.

어느 요소가 가장 중요하다고 설명할 수 있는 과학적 자료나 훈련 자료는 없다. 요점은 달리기 경제성에 사람들이 별로 관심 없어 하지만, 경제성을 위한 요소들은 모두 다 중요하다는 것이다. 당신이 경주에 참가하기 전에 충분하게 휴식을 취했고 몸 상태도 최상이더라도 비효율적인 자세로 달린다면 당신이 할 수 있는 것보다 기록은 훨씬 안 좋게 나올 것이다.

내가 참여했던 다른 MIT 수업에서는 효율적인 자세가 달리기 경제성에 어떻게 미치는지를 수치화하고자 했다. 나는 멀티스포츠 닷컴 캠프에서 스티브 리온을 만났다. 그 곳에서 그는 비효율적인 자세와 달리기를 향상시키고자 달리기 자세 변화를 위해 캠프를 등록했다고 했다. 그는 그와 패티 크리스티 박사가 진행하고 있는 주제에 대한 MIT 스포츠 화학 수업에 초청 강사로 날 초대했다.

크리스티와 리온의 통제 아래에 다양한 운동 능력을 가진 25명의 선수는 자연스럽고, 효율적인 자세로 달리는 방법을 익히는 8주짜리 프로그램에 투입되었다. 그들이 같은 심장 박동수를 유지하며 800m 네 바퀴나 1600m 4바퀴를 도는 것을 측정했다.

첫 번째 인터벌 트레이닝 세트에서는 처음에는 참가자들이 안감이 에틸렌 비닐 아세테이트 발포 고무로 되어 있는 기존의 러닝화를 신었고, 나중에는 뉴턴러닝화를 신고 뛰었다. 기록을 보면 마지막 세트에서 뉴턴의 신발을 신고 뛰었을 때 참가자 전원이 훨씬 빠른 기록을 보여주었다. 두 번째 이상의 세트에서는 77%가 더 빠른 기록을 보여주었고, 55%의 선수는 모든 세트에서 뉴턴러닝화를 신었을 때 더 좋은 기록을 보여주었다. 두 번째 그룹 역시도 발 앞과 중간으로 디딜 수 있게 만들어진 신발을 신고 효율적인 자세로 뛸 때 훨씬 더 좋은 기록을 낼 수 있었다. 크리스티는 "뉴턴러닝화를 신었을 때 확실하게 차이를 보였고 결과가 아주 뚜렷했다"고 말했다(크리스티, 2009; 2010).

자세에 영향을 미치는 신발

나는 향상된 달리기 역학을 바탕으로 다양한 종류의 신발이 달리기 경제성을 향상시키는데 중요한 역할을 한다는 것을 수년간 보았다. 사실 이것이 내가 뉴턴러닝을 세우게 된 이유 중에 하나이다. 1990년대 말, 볼더 심장 연구소에 세밀하게 연구를 진행하는 것으로 유명한 과학자이면서 운동 생리학자인 에이미 로버츠 박사를 만났다. 그녀는 참가자들이 가장 좋아하는 러닝화와 우리가 손으로 만든 뉴턴러닝화의 원형을 신고 달리기 경제성을 좌우하는 5가지 요소에 대한 연구를 했다.

그녀는 실험을 진행하면서 달리기 경제성에 영향을 미치는 5가지 요소가 각각의 신발을 신을 때 뚜렷한 차이를 보여 놀라워했다. 그녀는 또한 직접 뉴턴러닝화의 초기 모델을 신고 달리면서 이 신발이 적절한 달리기 자세를 쉽게 잡을 수 있도록 도움을 주었다고 말했다. 초기 연구를 진행하고 그녀는 "이 기술은 실험실에서 측정한 것임에도 달리기 효율성이 향상되었다는 것을 보여주었다. 그렇기 때문에 트랙에 나가서 직접 뛰어보면 전체적으로 효율성이 향상될 것이다"라고 말했다(로버츠 n.d.).

로버츠가 볼더의 스포츠 의학 센터로 옮긴 후 계속해서 실험을 진행했고 우리의 신발이 계속 발전됨에 따라 연구 또한 지속적으로 진행했다. 그녀는 운동 생리학과 고도 훈련에 관해서 글을 집필했고 개인 훈련 프로그램의 바탕을 만들고자 많은 달리기 선수와 전문적인 운동 팀을 대상으로 실험을 진행했다.

연구가 진행되면서 나는 로버츠의 연구에 대해서 다른 사람들에게 말을 하지 않을 수 없었다. 우리는 생물 역학과 몸 전체의 움직임과 신발을 신었을 때와 신지 않았을 때 발이 어떻게 움직이는지에 대해 많은 이야기를 나누었다. 그녀는 내가 심혈관 능력과 연관지어 신발의 영향과 자연스러운 달리기 자세에 대해서 이해할 수 있도록 도와주었다. 또한 우리가 신발 디자인을 하고 달리기 자세에 대해서 강연을 하고 연구하는데 많은 과학적 근거를 제공해주었다.

로버츠 박사는 가파른 굽이 있는 신발을 신고 달릴 때의 생물 역학적으로 단점에 대해 다음과 같이 서술했다.

기존 운동화를 신었을 때 감소하는 달리기 능력
- 뻣뻣한 밑창과 두꺼운 중간 부분을 가지고 있는 기존의 신발은 발의 자연적인 움직임을 제한했다. 앞으로 움직이고자 신발을 구부리면, 에너지가 사용되고 손실되었다.
- 기존 러닝화를 신고 달릴 때 발은 쿠션에 흡수가 된다. 쿠션은 발밑에서 변형이 일어나고 말 그대로 에너지를 소멸시킨다. 이렇게 소멸된 에너지는 다시 사람에게 전달될 수가 없다.

뒤꿈치로 디딜 때 덜 효율적인 에너지 회복
- 처음 뒤꿈치로 디딜 때 발은 제동 자세에 위치하게 되고 더 많은 충격과 회전력이 발생한다.
- 발을 땅과 평행하지 않은 상태로 디디게 될 때 몸 전체는 균형을 잃고 빠르게 반응할 수가 없게 된다. 그래서 발과 지표면 사이에서 더 많은 에너지를 잃게 된다.

- 뒤꿈치로 걷거나 몸 앞에서 발을 디디며 과하게 보폭을 넓힐 때, 뒤꿈치부터 발가락까지 발은 오랜 시간을 땅에 머무르게 된다. 이것은 자연스럽게 달리는 것보다 보폭의 회전율을 느리게 하며 발의 속력 또한 느리게 한다.
- 기존의 러닝화 재질은 지표면을 느끼는 발의 능력을 줄이고 전신을 사용하여 충격에 스스로 적용하는 능력 또한 줄인다.

달리기 관련 부상의 높은 빈도

- 뒤꿈치가 들리고 부드러운 안감으로 되어 있는 신발을 신고 달릴 때 땅과 평행하게 딛기 위해 뒤꿈치를 사용하여 딛게 되고 더 많은 충격이 생긴다. 그 충격은 정강이 통과 족저근막염을 비롯해 부상의 위험성을 증가시킨다.

맨발과 신발을 신고 달리는 것의 차이점을 운동학적으로 연구한 후 로버츠 박사는 특별하게 제작된 러닝화를 통해 최적의 생물 역학적인 달리기 상태를 마치 맨발로 달리기 하는 것처럼 얻을 수 있다고 결론지었다.

뒤꿈치를 놔둬라

수년간 많은 나를 포함한 많은 달리기 자세 코치들은 많은 선수들이 부자연스러운 자세로 달리고 있다는 것을 알게 되었다. 우리는 몸 아래로 세게 뒤꿈치로 딛는 것을 피하게 하고자 많은 노력을 기울였다. 몸이 자연적으로 중력과 중심을 맞추기 위한 유일한 방법이면서 자연스러운 달리기 자세를 위해 전신 운동 역학을 이룰 수 있는 유일한 방법이기도 하기 때문이다.

실제로 자연스럽게 발의 앞과 중간으로 딛는 선수는 얼마나 되는가에 대한 논의가 많이 이루어졌었다. 비판론자들은 대부분의 선수들이 뒤꿈치로 달리고 있다고 주장했으며 일부 연구에서는 비자연적인 표면을 달릴 때는 60~80% 정도가 뒤꿈치로 달린다고 말했다(하세가와 외, 2007). 이런 수치가 사실이기는 하지만, 이러한 연구들은 대다수의 연구 대상자들이 뒤꿈치가 들린 신발을 신고 있었으며 이를 신을 경우 발의 앞이나 중간으로 딛는 것이 방해가 된다는 점을 염두에 두지 않고 진행되었다.

스스로 한 번 해봐라. 두꺼운 안창이 있고 8~17% 정도 각도가 경사진(약 12~24mm 정도 들린) 기존의 러닝화를 신는다면, 당신은 자연스러운 자세를 잡고 달리기가 매우 어렵고 효율적이지 못하게 달린 다는 것을 알 수 있을 것이다. 당신의 몸은 뒤꿈치가 들린 자세에서 중력과 중심을 잡고자 하는 자세를 계속 취할 것이다. 게다가 발이 걸음 패턴에 따라 끌린다면 신발뒤꿈치는 까지면서 더 땅에 세게 닿게 될 것이다.

달리기 연구소 연구원들은 맨발로 달리는 것과 일반적으로 많이 신는 현대적이고 보완적인 최신 러닝화를 신고 달리는 것의 차이점에 대해서 알아보았다. 연구에서 맨발로 달릴 때는 전혀 보이지 않았고 발과 발목, 엉덩이, 낮은 등 부분에서의 부자연스러운 각도가 신발을 신고 달릴 때는 보였다고 밝혔다. 부자연스러운 각도는 일반적으로 달리기 부상을 다루는 기사에서 많이 나오는 것이다. 실제로 1980년대에 나와 제니퍼가 엑티브 임프린츠라는 사람들 발의 균형을 맞춰 주고 만성적인 달리기 부상을 막기 위해 자세를 교정해주는 회사를 운영하면서 수많은 사람들이 부자연스러운 각도 때문에 부상을 입는 것을 보고 들었다.

그러나 최근까지고 자연스러운 달리기와 맨발로 달리는 것은 대형 신발 브랜드나 달리기 잡지에서 신뢰를 얻지 못하고 있고 '더 많은 사람들이 하는 것이 좋은 것이다'라는 신드롬에 사로잡힌 대중들에게도 외면 받고 있다. 50년 전에는 더 크고, 더 좋고, 더 빠른 것이 항상 추구되었다. 그러나 시간이 지나면서 사람들은 더 소비하고 갖는 것만이 유일한 답은 아니라는 것을 깨닫게 되었다. 대형 브랜드들이 말했다고 해서 과한 신발을 신는 것은 더 이상 해결책이 될 수 없다. 자연스러운 달리기를 하고 있는 사람들에게 발 중간과 앞부분으로 디디는 것은 뒤꿈치가 들린 신발을 신을 때보다 몸을 더 보호한다는 것은 알려진 지 오래다.

또 다른 비유로는 최근 엄청난 열풍이 불고 있는 유기농, 자연 음식이다. 농업 생산이 기계화되고 다 빠른 생산량에 대한 수요가 증가하면서 농부들은 병충해를 막기 위해 살충제를 뿌리고 농작 속도와 수확 속도를 최대한 올리고자 노력했다. 취지는 좋았다. 그러나 좀 더 크고 빨리 자란 농산물은 보기에는 좋았지만 그에 대응되게 영양과 맛이 종종 떨어져버리게 되었다.

러닝화도 마찬가지 상황이다. 비자연적인 콘크리트나 아스팔트에서 받는 충격으로부터 달리는 사람을 보호하고자 하는 의도는 좋았다. 그러나 신발 뒤의 굽이 높아지면서 달리는 사람의 중심을 바꾸고 앞발이 표면을 느껴야 하는 감각을 흡수해 버렸다. 돕기 위해 디자인된 신발이 몇 년 간 오히려 달리는 선수들에게 부정적인 영향을 끼쳤다.

전문가적인 지식과 달리기 선수였던 그의 경험을 바탕으로 알렉스 스로컴은 인공적으로 신발을 신어서 더 뛰어난 선수가 되려고 하는 것보다 자연스러운 달리기에 맞게 전신 운동학과 생물 역학을 이용하여 달리는 것에 초점을 맞추는 것이 낫다고 했다. 그렇게 하기 위해서 당신은 몸의 중심 아래에서 발의 중간과 앞부분으로 디딜 수 있으면서 뒤꿈치는 올라가지 않은 신발이 필요하다.

이것은 단순히 학문적인 연구를 위한 것이 아니다. 비효율적이고 뒤꿈치로 딛는 달리기는 일반적으로 겪는 부상의 근원이다. 다음 장에서 우리는 이러한 부상을 진단하고 그것이 발생하는 원인에 대해서 더욱 자세히 살펴보도록 하겠다.

7장

일반적인 달리기 부상을 보는 새로운 방법

 1993년 여름 파울라 뉴비 프레이저는 발목을 움직일 수 없을 정도로 심한 측면 발목 부상을 입었다. 이미 5번의 세계 철인 삼종 대회를 우승한 그녀는 코나 대회에서 우승을 한 지 몇 달이 안 지났을 때 선수 생명이 끝날지도 모르는 부상으로 인해 볼더에 있는 나의 연구실로 찾아왔다.

 그 당시 그녀는 한 번에 오 분 정도만 달릴 수 있었다. 그녀는 놀랍게도 충격이 가해지거나 무게를 견딜 필요가 없는 자전거나 수영에서는 어떠한 통증을 느끼지 못했다. 그러나 그녀는 왜 통증이 오는지 알 때까지는 달리기를 하지 말아야 한다는 것을 알았다.

 나는 그녀가 발 중간과 앞을 이용하여 뛰면서 효율성 있는 자연스러운 달리기를 한다는 것은 알았고 발목의 문제는 앞발의 불균형으로 인해 생긴 것이라고 생각했다. 나의 목표는 균형이 안 맞는 곳을 찾아 그녀 발목에 가해지는 회전력을 줄이고 다시 잘 달릴 수 있도록 그녀의 에너지를 최대화할 수 있게 몸의 중심을 잡아주는 것이었다.

균형은 반드시 맞춰져야 하는 것이다. 달리기, 스키, 사이클링, 테니스, 골프 등에서는 선수가 앞발의 균형을 잘 잡는 것이 필요하다. 발 앞부분에서 균형이 잡히는 것은 발에서부터 시작해 발목과 무릎, 엉덩이, 상체로 이어지는 당신의 몸 전체가 효율적이고 잘 움직일 수 있게 하는 중요한 요소이다. 균형 잡힌 발로 인해서 당신은 앞으로 나아가는 화살 모양의 비행기 같이 대칭적인 움직임을 할 수 있게 몸을 움직일 수 있을 것이다.

나는 파울라가 다시 균형을 잡을 수 있도록 검사에 착수했다. 그녀의 발을 보자마자 나는 오른쪽 발의 중족골이 땅에 평평하게 닿지 않는다는 것을 발견했다. 발은 약간 바깥쪽으로 휘어있었다. 나는 발이 외전 운동을 하고 있다고 말해주자 그녀는 어렸을 때에 발레를 수년간 했었다고 말했다. 나는 이런 외전 운동이 그녀가 달릴 때 발목을 바깥쪽으로 움직이게 만들어 불균형으로 인한 회전력이 생긴다고 말했다. 발이 신발에 안정적으로 고정될 때 그녀는 더 많은 힘을 낼 수 있었다.

파울라 같이 많은 양의 훈련과 대회를 소화하는 선수들에게는 최대의 효율을 내는 것이 매우 중요하다. 불과 몇 mm만 발 앞부분이 균형을 이루지 못하면 상대적으로 비 자연스러운 표면에서 받는 회전력은 증가하고 자전거 페달을 누를 때조차 회전력이 발생할 수도 있어서 많은 시간과 거리를 움직일 때 부상을 유발할 수 있다.

나는 세계적인 철인 삼종 경기 선수 스캇 몰리나, 마크 엘렌, 마이크 피그, 울프강 디트리히, 폴 허들을 비롯해 철인 이종 경기 세계 챔피언 케니 소자, 올림픽 금메달 사이클링 선수 알렉시 그레왈에 이르기까지 많은 선수들에게 신발을 맞춤 제작해주었다. 무게가 가벼워 신은 것 같지 않으면서도 더 편하고 좋은 효과를 내주는 신발은 앞발의 균형을 잡아주는 역할을 통해서 가능했다.

나는 파울라에게 첫 번째 중족골 아래 3mm 정도 받쳐줄 수 있는 가벼운 신발이 필요하다고 말했다. 그러자 그녀는 "그렇게 간단한가요? 아직 제 발목은 보지도 않았잖아요"라고 물었다. 사실 나는 그녀의 발목을 보긴 했다. 그녀가 내 앞에 섰을 때 나는 그녀에게 무릎과 발목을 앞으로 내밀어 보라고 했다. 그녀의 발은 첫 번째 중족골을 땅에 닿게 하고자 회내 운동을 하고 있었다. 작은 크기의 발포 고무를 중족골 관절 밑에 넣고 앞으로 구부리라고 했을 때 그녀의 발목은 회내 운동을 하지 않았다. 그 보조 장치가 없이는 그녀의 발목은 자세를 잡고자 움직였을 것이고 그것이 부상을 유발했을 것이다.

그녀는 다시 철인 삼종 경기 타이틀을 지키기 전에 7주간 몸 상태를 최적으로 끌어올리기 위해 연습을 했다. 새로운 신발 보조 도구를 가지고 훈련한지 1주 후에 그녀는 30분을 발목에 통증 없이 달릴 수 있었다. 그녀는 자전거와 수영 역시 계속해서 훈련해 나갔고 경기 이 주 전에는 90분 간 통증 없이 달릴 수 있게 되었다. 여전히 그녀는 3시간 5분에서 3시간 10분 사이에 마라톤을 완주하고 싶고 철인 삼종 경기 대회를 다시 우승하기를 원한다면 두 배의 시간을 더 달려야만 했다.

그녀는 수영과 자전거를 통해서 굉장히 높은 강도의 유산소 훈련을 했고 하와이 대회에서 10분 정도 앞서서 경기를 끝냈다. 그녀는 부상 때문에 달리기 훈련을 소화하지 못해 17마일을 달린 이후에 움직이기 위해서 굉장히 많은 힘을 썼다고 말했다. 그러나 그녀는 발목 통증을 느끼지 못했고 힘을 끌어 모을 수 있었다. 그녀는 후에 하와이 세계 대회에서 세 번의 우승을 더 했고 총 여덟 번의 우승을 했으며 선수 생활 중 총 스물세 번의 철인 경기를 우승했다(그림 7-1).

그림 7.1 | 1994년 코나 아이언맨 대회 우승한 파울라 뉴비 프레이저

몸에 귀 기울여라

나는 22년 이상을 부상당한 선수들을 치료해주면서 보냈고 많은 초청 강사와 러닝 코치로 1993년부터 활동했다. 나는 항상 강연을 시작하기에 앞서서 파울라의 끈기와 몸에 귀를 기울이는 능력에 대해서 이야기하곤 한다. 휴식 시간을 가지며 무엇이 잘못되었는지를 알아보는 것은 그녀가 했던 가장 바람직한 방법이었다. 그녀가 계

속해서 고통을 참으며 뛰고자 했다면 그녀의 몸은 더 많이 타협점을 찾고자 했을 것이고 상당히 자세가 많이 변형되었을 것이다. 그랬다면 그것은 재앙으로 향하는 길이었을 것이다. 그것으로 인해 그녀의 몸 전체가 정렬되지 못하며 다른 경기에도 영향을 미쳤을 것이기 때문이다.

부상을 이해하고 치료하기 위해서는 몸에 귀를 기울이는 것이 첫 번째 단계이며 가장 중요한 핵심이다. 몸에 귀를 기울이는 것은 감각을 느끼고 판단을 잘하며 스스로의 몸 상태와 목표에 대해서 영리하게 생각하는 것이다. 이것은 절대로 무시해서는 안 되는 가장 본능적인 것이다.

내 훈련소에서는 나는 이것을 포레스트 검프 법칙이라고 부른다. 당신이 피곤하면 쉬고, 배고프면 먹고, 목마르면 마시는 것이다. 운동 후에 프레첼이나 감자 칩을 먹고 싶다면 먹어라 그 말은 몸이 염분을 원한다는 것이기 때문이다. 스테이크나 햄버거가 먹고 싶다면 그건 몸이 단백질을 필요로 한다는 것이다. 포레스트 검프가 말한 것처럼 가고 싶다면 가라.

몸에 귀를 기울이는 것은 당신이 병을 다루고 본인의 영양소나 수분 욕구를 체크하며 몸이 쇠약해지는 문제에 대한 충격을 줄일 수 있게 된다. 이것은 감기에 걸릴 것 같다거나 부상이 일어날 수도 있다는 일종의 조기 경고 시스템인 것이다. 자세히 듣는다면 어떻게 본인이 적절하게 행동해야 하는지 알 수 있게 된다. 전설적인 달리기 코치 아서 리디아드는 말한다. "훈련을 통해서 얻을 수 있는 가장 큰 것은 몸이 쉴 때 얻어지는 것이다(리디아드 재단 홈페이지)."

달리기 선수들은 종종 이러한 신호를 인지하지 못한다. 만약에 당신이 경기 한 달 전에 훈련을 하다 발목이 꺾였다면 어떻게 할 것인가? 당신이 쉴 것이라고 말을 했지만 며칠이 지나도 나아질 기미가 별로 보이지 않는다. 그랬을 때 당신은 나가서 16주 프로그램 중에서 가장 긴 달리기 훈련을 내일 소화할 것인가 아니면 계속해서 회복할 시간을 가질 것인가? 당신은 그냥 쉴 것인가? 아니면 두 시간 반의 달리기를 위해 작은 고통을 참고 달릴 것인가?

대부분은 고통을 참고 훈련을 하고자 할 것이다. 우리는 운동선수로서 스스로를 강인하고 집요하도록 훈련하지 부드럽고 나약해 하고자 하지 않기 때문이다. 고통 없이는 이룰 수 있는 것이 없다고 생각하지 않나? 통증이 있는 상태에서 오랜 거리를 달리고자 한다면 당신은 아마 과잉보상 심리를 느끼고 몸의 다른 부분마저 다치게 만드는 것일 것이다. 당신은 아마 출발 선상에서 온갖 변명을 생각하며 절뚝거릴 것이며 결국에는 실망스러운 결과를 얻게 될 것이다. 그것은 달리기가 아닌 고통 인내 테스트인 것이다. 클린트 이스트우드는 1973년 '매그넘 포스'라는 영화에서 "사람은 자신의 한계를 알아야 한다"라고 말했다. 가장 바람직한 행동은 몸에 귀를 기울이고 회복할 시간을 가지며 필요하다면 달리기 계획을 미루는 것이다.

몇 년이나 몇 달간 지속되는 만성적인 통증에 시달리고 있다면 가장 좋은 방법은 달리기를 멈추고 무엇이 문제인지를 알아보는 시간을 가지는 것이다. 달리기 선수로서 우리는 쉬는 것이 통증을 줄여주고 건강하게 달릴 수 있는 방법을 찾을 수 있다는 것을 알지만 종종 달리기를 하루라도 안 하고 몇 주간 지내는 것을 굉장히 어려워한다.

부상 예방을 위한 6가지 간단한 요령

상식은 부상을 예방하고 자연스러운 달리기를 하기 위한 하나의 단계이다. 코치이면서 캠프 강사로서 나는 간단한 여섯 가지 요점을 서술했고 이것은 가능한 한 빠르게 당신을 건강하게 회복시킬 수 있는 중요한 요소가 될 것이다.

1. 발의 유형과 발의 생물 역학을 이해하기

당신의 발을 기본적으로 알아야 한다. 이것은 앞서 5장에서 말한 것처럼 발의 유형을 알라는 것이다. 당신의 발 앞부분이 불균형 적이거나 발이 약하다면 몰톤 익스텐션 같은 간단한 보조기를 이용할 수 있다. 발의 유형을 확실하게 모를 때는 발병 전문가, 물리 치료사 등에게 물어보는 것이 좋다. 맨발이나 샌들을 신는 것은 발을 훈련시키고 강화시킬 것이다. (맨발로 달리는 훈련은 9장에서 다룰 것이다.) 처음에는 몇 분으로 시작해서 계속해서 천천히 시간을 늘려 나가야 한다. 목표는 당신의 발이 균형을 이루고 강화되는 것이다.

2. 자연스러운 달리기 자세를 이해하고 실천하기

간단하게 말하면 발이 무게 중심 바로 밑에서 땅에 닿도록 하는 것이다. 거기서부터 효율적인 전신 운동학이 시작되는 것이다. 몸보다 조금 앞에서 발을 디디면 제동이 시작되고 앞으로 나가기 위한 더 많은 힘이 추가로 필요할 것이다. 이것은 중력에 대해 몸을 밀게 될 것이고 덜 효율적으로 달리게 되는 것이다. 덜 효율적이면 당신은 표면으로부터 오는 충격으로부터 회복되는 데 시간이 더 걸릴 것이다. 발은 땅에서 더 많은 시간을 머무를 것이고 이것은 달리기 속도를 떨어뜨리며 더 많은 충격을 받게 되고 상대적으로 몸 전체의 회전력을 증가시킬 것이다. (앞으로 이어질 세 개의 장에서 자연스러운 달리기 실행 방법을 더 자세히 다룰 것이다.)

3. 근육의 움직임 범위 유지하기

요가나 스트레칭을 할 필요까지는 없지만 유연한 상태를 유지하는 것은 필요하다. 어떤 사람들은 자연적으로 근육과 연결 조직들이 유연하지만 어떤 사람들은 굉장히 뻣뻣한 경우가 있다. 그렇기 때문에 유연성의 필요성과 움직임 범위를 최소화하는 것은 사람마다 매우 다르다. 마사지를 받거나 스스로 근육 부위에 마사지를 하는 것은 근육이 굳는 것을 막아주고 관절이 제대로 움직일 수 있도록 도와주는 가장 좋은 방법이다. 마사지는 또한 운동 후에 분비되어 근육의 유착을 일으키는 젖산을 없애주는 역할을 한다.

근육이 뻣뻣해지는 것을 무시해서는 안 된다. 그것은 연결 조직에 무리를 가해 또 다른 문제를 야기한다. 예를 들어 허벅지 근육이 경직되어 발목이 땅과 평행하게 디디지 못할 정도로 유연하게 만들지 않는다면, 단거리 질주처럼 새게 밀어야 하거나 발가락을 이용해서 디뎌야 해 허벅지 근육과 아킬레스건에 무리를 가하게 된다. 혹은 반대편 다리 근육인 경골근을 사용하여 발가락을 들어 올리고 정강이 통증을 유발할 정도로 발목을 사용하게 될 것이다.

4. 부상이나 통증을 메우려고 하지 마라

선수들이 목표를 설정하면 종종 논리나 건강, 안전을 넘어서 목표에만 집착하게 된다. 나는 100마일짜리 대회를 몇 번 참가했고 한 번은 콜로라도 리드빌 대회에 참가했다. 내가 약 12,500피트 정도 되는 55마일 지점에 다다랐을 때 내 근처에서 긴 막대를 목발로 사용하여 뛰는 사람을 보게 되었다. 내가 그에게 괜찮으냐고 묻자 그는 웃으며 나에게 "죽어도 괜찮으니까 나는 완주를 할 것이다"라고 말했다. 그런 그를 보면서 나는 그의 저런 태도가 곧 비극을 불러일으킬 것이라고 생각했다. 결론적으로 그는 완주를 하지 못했고 다쳐서 한동안 고생을 했다. 신체를 넘어선 정신은 중요한 마음가짐이기는 하지만 건강과 안전을 포기하는 정도까지 되어서는 안 된다는 것이다.

세계 철인 대회를 위해서 여러 번 코나를 갔었는데 매 경기마다 7~8시간 동안 에어로 자세로 자전거를 타는 사람들을 보았다. 그들은 자전거에 내려서 의료진이 있는 곳으로 가는 것이 아니라 바로 달리기를 시작했다. 제대로 똑바로 설 수도 없으면서 그들은 땅 아래를 바라보며 26.2마일을 달리기 시작했다. 그런 엄청난 마음가짐을 가지고 몇 명은 완주를 하지만 대부분은 그렇지 못한다. 철인경기를 완주하는 것이 중요하더라도 그렇게 달리는 것은 결코 안전하고 건강한 방법이 아니다.

5. 패스트푸드 사고방식 피하기

이것은 우리 모두가 원하는 곳에 너무 빨리 도달하기를 원하는 것이다. 나는 이것을 패스트푸드 사고방식이라고 부른다. 훈련으로 보면 우리는 우리의 방식대로 하길 원하고 당장 하기를 원한다. 잡지에서 우리에게 "어서 소파에서 일어나 12주 안에 마라톤을 완주해보자!"라고 말하는 것은 전혀 도움이 되지 않는다. 누군가는 할 수 있겠지만 다른 사람들에게는 재앙으로 가는 길이 될 것이다. 사람들을 건강한 생활 방식을 갖도록 격려하는 것은 좋은 의도이지만 목표가 너무 높다. 무엇보다도 최초의 마라톤 선수였던 고대 그리스의 피디피데스는 그의 달리기가 끝난 직후 사망했다는 사실을 생각해볼 필요가 있다. 소파에서 일어나 달리는 것은 12주 만에 5km를 뛰는 것이 합리적이고 거기서부터 점점 더 거리를 늘려나가는 것이다. 요점은 자기 스스로에게 솔직해지고, 몸에 귀를 기울이며, 천천히 시작하라는 것이다. 거리나 강도, 속도를 너무 빨리 올리지 말라.

달리기가 어떻게 보면 시작할 때 어떠한 지도를 받지도 않고 할 수 있는 운동으로 보일 수 있다. 신발 한 켤레만 사고 어떠한 자세가 적절한지 고민도 하지 않고 바로 땅을 달릴 수 있다. 하지만 당신이 너무 과한 거리, 강도, 속도로 뛰게 되면서 생물 역학적으로는 비효율적이고, 자세는 나쁘며, 유연성은 부족한 상태로 달리기를 하게 되어 결국에는 더 이상 달리지 못하게 될 수도 있다.

좋은 접근 방법은 인내를 가지고, 지도를 받으며 적절한 자세에 초점을 맞추는 것이다. 당신은 결국에는 근육에 적절한 움직임을 입력시킬 것이고 힘과 유연성이 발달되고 점점 더 나아지게 될 것이다. 어떤 것이 적절한가를 배우는 데 시간을 쓰는 것은 당신의 부상을 방지하고 당신의 달리기 능력을 점진적으로 향상시킬 것이다.

6. 몸에 귀를 기울이고 실수로부터 배워라

우리가 노력을 최대한 했는데도 어떤 경우에는 달리면서 부상을 당하기도 한다. 달리기에서 부상을 완전히 없앨 수는 없다. 최선의 방법은 부상의 심각성과 빈도를 최소화하는 것이다. 자연스러운 달리기 자세로의 변화는 부상을 일으킬 수 있는 많은 요인들을 줄여줄 것이다.

충격, 회전, 추진력

가장 흔한 부상은 족저근염과 아킬레스건염, 정강이 통증, 장경골 인대 마찰 증후군들이 있고 이는 세 가지 요인으로 인해 빈번하게 발생한다. 첫째로는 뒤꿈치로 디디는 것에 따른 과도한 충격이 있고, 걸으면서 과도한 회전력, 새로운 걸음을 시작할 때 과도하게 당을 밀면서 발생하는 힘 이렇게 세 가지 요인이다.

해부학적으로 자세하게 본다면 이 움직임들에 대해서 더 자세히 이해할 수 있을 것이다. 정강이의 전경골과 허벅지의 4두근을 포함한 다리 앞의 근육들은 제동을 담당하고 비복근과 비장근, 햄스트링 근육을 포함한 다리 뒤쪽의 근육들은 뒤쪽 다리와 발 사이에 있는 아킬레스건과 많은 연결 조직들과 함께 추진력을 내는 역할을 한다(그림 7-2).

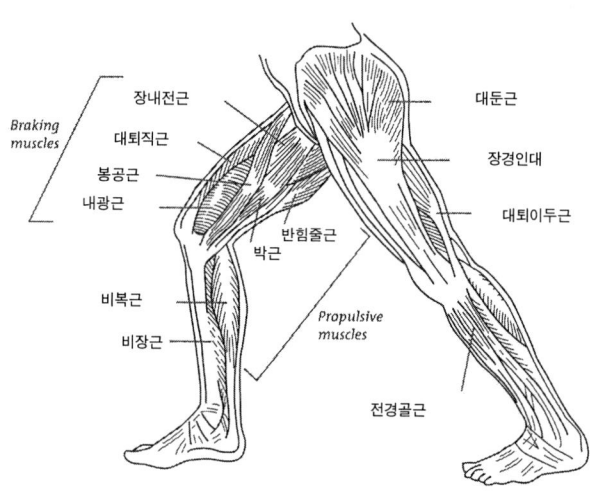

그림 **7.2** | 다리근육, 제동근육(Braking muscles) 추진근육(Propulsive muscles)

7장 일반적인 달리기 부상을 보는 새로운 방법 *153*

대부분의 달리기 선수들은 너무 많은 충격을 제동하면서 흡수하고 나아가는 추진력을 유지하기 위해 많은 근력을 사용한다. 이런 움직임은 큰 충격과 긴 보폭, 근육들이 더 많은 추진력을 내야 하는 수직적인 압력 등을 불러일으킨다. 이것은 몸 전체에 매우 부정적인 영향을 끼치며 비효율적인 과정이다. 이 방식으로 달릴 때 우리는 착지할 때는 제동 근육만 따로 쓰고 발을 뗄 때는 추진 근육만 따로 떨어져있게 된다. 우리의 몸은 이렇게 달리도록 진화하지 않았다. 이런 방식은 우리가 기존의 러닝화를 신을 때 벌어지는 현상이다. 우리는 뒤꿈치로 디딜 수 있기 때문에 달리면서 뒤꿈치로 디디는 것뿐이고, 달리기 속도를 유지하고 추진력을 다시 얻기 위해서 우리는 밀어야 되기 때문에 미는 것이다.

뒤꿈치로 디딜 때 땅으로부터 생기는 최초 충격은 몸 전체에 충격파를 보낸다. 일시적인 충격파는 관절을 비롯해 무릎, 엉덩이, 척추에 많은 중압감을 전달한다. 특히 무릎의 연골에 많은 부담을 준다. 연구는 또한 관절에 엄청난 전단력도 전달된다고 한다. 다리 근육은 또한 충격을 받아 손상되고 그것은 선수가 더 긴 회복시간과 만성적으로 근육이 조이는 현상이 일어나게 된다(그림 7-3).

너무 많은 요소들이 부상을 일으키는 원인이기 때문에 자연스러운 걸음으로 달리는 것만으로도 모든 부상을 없앨 수는 없다. 그러나 자연스러운 달리기 자세를 통해서 대부분의 부상과 연관된 주요 원인들을 제거하거나 없앨 수는 있다.

발의 중간과 앞부분으로 땅을 살짝 디딘 후 새로운 걸음을 시작하기 전에 뒤꿈치를 땅에 내려놓음으로써 당신은 근육과 약한 연결조직, 그리고 발 안쪽의 뼈, 발, 발목, 다리, 무릎 등을 충격을 흡수하게끔 이용하여 몸이 받을 수 있는 큰 충격을 완화시킬 수 있다. 이런 방법으로 달리는 것은 당신의 발, 발목, 다리, 무릎, 엉덩이에 전달되는 대부분의 회전력도 없앨 수 있다. 마지막으로 자연스러운 달리기 걸음으로 강한 코어 근육을 사용해 왼쪽 다리를 들어 새로운 걸음을 시작하려 할 때, 햄스트링이나 허벅지 근육에 가해지는 과한 추진력을 줄일 수 있다.

1. 뒤꿈치로 디디면 밀어 올리는 힘을 더 필요로 하는 제동이 발생한다. 뒤꿈치가 먼저 닿으면 제동이 발생하고 다시 추진력을 얻기 위해 더 많은 힘을 사용한다.
2. 낮은 등과 척추로 향하는 전단력
3. 과도한 상체 회전
4. 발목의 불안정한 착지와, 접지 시 지면의 상태를 정확히 파악하기 어렵다.
5. 과도한 회내 운동과 회외 운동
6. 관절에 가해지는 회전력 증가
7. 수직적 움직임 증가

그림 **7.3** ǀ 뒤꿈치 착지는 많은 부상들을 야기할 수 있다.

흔한 과사용 부상

당신이 처음 달리기를 시작하던 수년간 달리기를 해왔던 당신은 아마 과사용 부상에 시달리고 있을지 모른다. 당신만 그런 것이 아니다. 연구 조사에 따르면 매년 달리기 인구의 50%가 매년 부상을 입는다. 수년간 선수들을 관찰해 오면서 나는 일반적인 부상의 유형과 이 부상들이 어떻게 발달되고, 어떻게 치료가 될 수 있는지를 이해할 수 있게 되었다. 어떤 부상의 경우는 충격과 회전력에 의해서 발생하고 어떤 것은 추진력에 의해 어떤 것은 두 가지 모두에 의해 발생한다.

다음은 공통적으로 발생하는 몇 가지 부상의 유형이고 어떻게 치료할 수 있는지를 설명한다.

아킬레스건염: 회전력과 추진력

아킬레스건은 발목 뒤쪽에서 뒤꿈치와 종아리 근육을 이어주며 달리면서 에너지 전이의 탄력 반동을 도와준다. 아킬레스건염은 아킬레스건이 새로운 걸음을 시작할 때 사용되는 과도한 힘 혹은 발 앞과 뒤에 가해지는 회전력으로 인해 근육에 부담이 가면서 생기는 염증이다.

슬개대퇴 통증 증후군: 충격과 회전력

슬개대퇴 통증 증후군 혹은 전슬 통증은 무릎 앞쪽에서 발생해 시간이 지날수록 점진적으로 통증이 심해지는 현상이다. 이것은 무릎이 구부러지고 펴질 때 슬개골이 정확하게 움직이지 않을 때 발생하는 현상이다. 이 현상이 심해지면 슬개골 주위의 연골 같은 연결 조직들도 손상을 입게 된다. 슬개대퇴 통증 증후군 발생의 주요 원인은 뒤꿈치로 디디면서 발생하는 강한 충격과 발의 앞이나 뒤의 불균형으로 인한 과도한 회전력을 들 수 있다.

장경골 인대 증후군: *회전력*

장경골 인대는 엉덩이 근육의 외전 운동과 무릎의 확장을 도와주는 역할을 하며 무릎 바깥쪽에서 두꺼운 섬유 연결 조직들을 덮고 있다. 이것은 정강이뼈 바깥쪽을 연결하면서 엉덩이 뼈 상단부의 근육에서부터 허벅지 바깥쪽 근육 아래로 이어져있다. 무릎을 거의 쭉 펴고 뒤꿈치로 디딜 때 장경골 인대는 조여지고 고통이 유발된다. 그리고 나서 발의 힘이 앞으로 전달되는 것이 아니라 안쪽으로 전달되어 회전력을 발생시킨다. 그리고 그것은 다리 측면을 당겨 장경골 인대가 늘어지게 만든다.

정강이 통증: *충격과 회전력*

정강이 통증은 다리 하단부 앞쪽에서 생기는 다양한 종류의 통증을 말한다. 일반적인 것으로는 발과 발목에서 일어난 과도한 회전력과 뒤꿈치를 디딤으로써 발생하는 강한 충격으로 인해 정강이뼈 주위를 둘러 싼 부위에서 염증이 발생하는 것이다. 발과 발목이 회전하면서 그 회전력은 몸 전체가 돌아가게 만들고 정강이뼈를 둘러싼 부위에는 견인력을 유발한다. 종아리 근육의 과도한 수축도 정강이 통증을 유발하는 하나의 원인이기도 하다.

족저근막염: 충격, 회전력, 충격력

족저근막염은 발바닥 근막을 과하게 사용하거나 발의 두꺼운 아치 때문에 발생하는 통증이다. 뒤꿈치를 디디면 발생하는 과도한 충격, 충격 후 발에 전달되는 과도한 회전력, 새로운 걸음을 시작하기 위한 과도하게 미는 힘, 이 모든 것이 발바닥 근막의 수축과 염증을 유발하고 발의 힘과 유연성을 약화시킨다.

햄스트링/허벅지/아킬레스 염좌: 추진력

햄스트링 근육이나 허벅지 근육에 염증이 생기고 파열이 일어나는 것과 아킬레스건 염좌는 새로운 걸음을 시작하기 위해 너무 강하게 발을 밀면서 발생하는 부상이다. 이러한 부상은 갑작스럽게 발생하고 이전의 상태와는 무관하게 발생한다. 예를 들면 적절한 준비 운동 없이 오르막을 오를 때나 달리기 초반에 과도하게 힘을 쓸 때 발생한다. 또한 추진력을 담당하는 햄스트링, 허벅지, 아킬레스 어느 한 부위가 피로하거나 과도하게 사용이 되면 며칠이나 몇 주 후 다른 부위가 추진력을 담당하게 되어 부상을 입을 수도 있다. 예를 들면 햄스트링 근육을 너무 많이 사용해 정상적으로 잘 못 들어 올린다면 당신의 허벅지 근육은 달리기 속도를 유지하기 위해 힘을 많이 쓸 것이고 그 결과 허벅지 근육에 염좌가 발생한다. 추진력을 담당하는 근육에 염좌가 생기는 것은 자연스럽게 달리기를 이행할 때 발생한다. 특히 당신이 너무 빨리 자세를 변화한다거나 출발 할 때 앞발을 부정확하게 민다던가 뒤꿈치를 땅에 정확하게 내딛지 않았을 때 발생한다.

무릎/엉덩이/등 아래 부분: 충격력

등 아래 부분의 통증과 염좌는 비효율적이고 뒤꿈치로 디디는 걸음에 의해 많이 발생한다. 뒤꿈치로 디디는 것으로 인한 과도한 충격은 근육, 연조직, 무릎 관절, 엉덩이, 척추 아래 부분에 손상을 가한다. 그 일시적인 충격이 몸 위 쪽으로 올라가면 비자연적인 전단효과를 일으키고 그것은 극심한 통증, 염증을 유발한다.

피로골절: 충격력

피로골절은 발과 다리 낮은 부위의 뼈에 작은 금이 가는 것으로 주로 중족골에서 많이 일어난다. 일부 여성 달리기 선수는 대퇴골이나 엉덩이 쪽에서도 피로골절이 일어나고는 한다. 과사용 부상인 피로골절은 천천히 연습하지 않고 갑자기 너무 빠르게 달리거나 가파른 곳을 오르는 강도의 변화, 차근차근 거리를 늘리지 않고 갑자기 장거리를 뛰는 거리의 변화, 충분한 휴식 없이 한 번에 너무 많은 운동을 하는 빈도의 변화로 인해 발생한다. 반복되는 강한 충격과 땅을 밀기 위해 과도하게 사용하는 근육 힘으로 인해 우리는 아래 쪽 다리 근육의 과하게 사용한다. 근육이 무리하고 피로하면 충격을 흡수하지 못하고 그 충격이 뼈로 전달이 된다.

요점은 맨발로 달리는 것과 같이 적절한 신발을 신고 자연스러운 걸음으로 달리는 것이 효율적이고 건강하게 달리는 방법이라는 것이다.

8장

자연스러운 달리기와 비자연적인 환경

 만약에 내가 당신에게 에너지는 덜 사용하면서, 더 빨리 달리고, 더 적은 부상의 위험 속에서 달릴 수 있는 방법이 있다고 말하고 당신이 해야 할 것은 움직임의 원리를 이해하고, 열린 마음을 가지며, 몸과 마음이 적응할 때까지 기다리며, 자연스럽게 달리는 방법을 다시 배우라고 한다면 당신은 할 것인가?

 당신이 지금 이 책을 사서 읽고 있다는 사실만으로도 벌써 당신의 대답은 '그렇다'인 것처럼 들린다. 말 그대로 당신의 몸이 자연스럽게 달리게 하는 방법이 당신이 잘 달릴 수 있는 방법이다. 기본 원리는 당신이 맨발로 달리는 것이지만 여러 이유 때문에 꼭 맨발로 달릴 필요는 없다.

 우리가 앞에서 다뤘던 당신이 그 동안 달려오던 자세나, 발 유형을 알면서 우리가 하고자 하는 것이 현재 일반적으로 알려진 것과 반대되는 내용이라는 것을 아는 것이 당신의 자세를 좀 더 자연스럽게 바꿀 수 있는 가장 좋은 시작점이 된다.

 1988년 이후 말 그대로 수천 명의 선수들을 관찰하고 그들이 부상에서 극복하는 것을 도와주면서 나는 오늘날 선수들이 어떻게 운동하는지에 대한 흥미로운 사실을 발견했다. 종종 많은 선수들이 오늘날의 러닝화와 비자연적인 표면 환경으로 인해 자신도 모르게 안 좋은 달리기 자세로 바뀌고 있다는 것이다. 오늘날 달리기 선수가 만약 자신의 발밑에서 위험할 정도로 변형이 일어나는 것을 알아차리지 못하고 그 변형에 적응하게 되면 자세가 굉장히 바뀌기 쉽다.

우리는 주로 콘크리트와 아스팔트로 이루어진 세상에서 살고 있기 때문에 항상 딱딱하고 비자연적인 환경에서 달리기를 한다. 우리가 달리고 있는 딱딱하고 비자연적인 환경은 자동차가 달리기 위해 만들어진 것이다. '도로 경기'라는 용어는 5km 이상 경기부터 마라톤까지 경주로 일컫는데 이 단어는 마치 포장 도로 위에서 펼쳐지는 자동차 경주처럼 느껴진다. 포장도로는 자동차가 부드럽게 달리고 효율적으로 제동하기 위해서 만들어진 것이다. 이런 표면이 선수들에게는 전혀 이상적이지 않지만 선수들의 안전과 지원을 쉽게 통제하고자 대부분의 달리기 경기를 포장 도로 위에서 진행한다. 선수들은 도심에서 달릴만한 자연스러운 표면이 없기 때문에 대부분을 딱딱한 표면 위에서 달린다.

자세에 영향을 주는 또 하나의 중요한 요소는 신발이다. 앞서 말했듯이, 1970년대 이후로 신발의 안감이 두꺼운 발포 고무로 만들어져 선수들의 중심점을 바꾸고 달리는 동안 뒤꿈치로 걷는 것이 편하도록 만들었다.

선수들은 종종 뒤꿈치로 달리는 것이 자연스럽다고 말을 한다. 그러면 나는 항상 그들에게 신발을 벗고 그들이 콘크리트 바닥을 달릴 때의 자세를 보라고 말한다. 그들은 정말로 뒤꿈치로 달리는 것이 자연스러울까? 당연히 아니다. 맨발로 달리며 뒤꿈치로 딛는 것은 많은 충격이 전달되기 때문에 우리의 뇌는 뒤꿈치로 디디면 달리지 못하게 한다.

뒤꿈치는 높고 중간에 푹신한 안감을 댄 신발은 우리에게 뒤꿈치로 걷는 것이 자연스럽고 괜찮은 것이라고 착각하게 만든다. 하지만 그것은 인간이 억지로 만들어낸 자세일 뿐 전혀 자연스러운 자세가 아니다.

이것을 고칠 수 있는 방법은 자연스러운 달리기에 도움이 되는 신발을 찾는 것이다. 가벼우면서 5% 미만 정도의 경사각을 가진 신발은 마치 맨발로 달리는 것과 유사하게 땅에 평행하면서도 가볍게 발을 디딜 수 있도록 도와준다.

무게는 얼마나 가벼워야 하나? 신발 재료와 바느질을 적게 하고 더 적게 덮어씌우는 등의 제조 기술 발달로 인해서 신발은 계속적으로 가벼워지고 있다. 2~3온스 정도(56~85g) 가벼워지는 것이 아무것도 아니게 보일 수 있지만 당신이 장거리 달리기를 하고 난 후에 확실히 다르다는 것을 느낄 수 있을 것이다. 걸음을 걸을 때마다 몇 온스씩 무게가 덜 나가는 것은 당신의 부담을 엄청나게 줄여줄 것이다.

비록 자연스럽게 달리도록 디자인된 신발은 모든 선수들에게 도움이 되겠지만, 모양이나 무게가 차이를 만드는 전부는 아니다. 당신이 어떻게 그 신발을 신고 사용하는가 또한 중요하다. 달리 말하면 자연스러운 달리기 자세가 중요한 것이다.

어떻게 달릴까: 어색해 보이는 자세 결함

달리는 사람마다 움직이는 모양과 크기가 다르고 달리기 스타일 또한 다르다. 앞서 제3장에서 말했듯이 많은 달리기 선수들은 눈에 보이는 자세 결함을 가지고 있고 이 중 어떤 결함들은 발에 문제가 있다는 신호와 증상이다. 때로는 이러한 눈에 띄는 역학적 결함은 그들이 알지도 못하는 사이에 에너지를 낭비하는 움직임을 하고 있을 때 몸이 그에 따른 중심을 잡거나 추진력을 계속 얻기 위해 행동하는 결과이다. 이런 대응적 움직임은 매우 일반적이고 꽤 어색하게 보이기도 하기 때문에 우리는 그들의 자세를 가지고 유형화 할 수 있다. 다음은 내가 관찰하면서 본 몇 가지 공통적인 자세에 대해서 소개한다.

저돌적으로 달리는 사람

이런 유형의 사람들이 뒤에 따라오는 것은 당신이 소리만 들어도 알 수 있다. 이 유형의 사람들은 굉장히 세게 뒤꿈치로 딛고 거의 두 배 가까운 충격을 받는다. 상체는 뒤로 젖혀져 있고 어깨와 팔은 몸 앞으로 움직인다. 이렇게 달리면 엄청나게 많은 힘을 쓰게 된다. 마치 보이지 않는 적과 싸우는 것처럼 보이면서 중력과 싸우지만 결국은 항상 중력이 이기게 되어 있다.

간단한 해결책

발을 90도 각도로 구부리고 달릴 때는 팔꿈치는 뒤로 당긴 후에 편안하게 다시 팔을 앞으로 흔드는 것이다. 에너지가 사용되는 것에 대해서 생각해 본다면 전체 동작은 부드럽고 일정해야 하며 팔꿈치를 뒤로 곧장 밀었다가 박자에 맞춰 자연스럽게 앞으로 휘두르는 것을 생각해야만 한다. 앞으로 몸을 기울이며 보폭을 줄여라.

질질 끌며 달리는 사람

저돌적으로 달리는 사람처럼 이 유형의 사람은 효율적으로 달리기 위해 몸을 적절하게 움직이지 못한다. 다리 아래를 질질 끌며 전혀 제대로 들어 올리지 않는다. 이 유형의 사람은 본인은 효율적으로 달리고 있다고 생각하며 저돌적으로 달리는 사람보다는 적어도 수직적 움직임은 없다고 생각한다. 그러나 그는 다리를 재빠르게 끌면서 상체를 너무 많이 꼬기 때문에 움직임의 범위에 제한적일 수밖에 없다. 게다가 다리의 탄력성을 이용하지 않는다. 걸음에 힘이나 움직임을 싣지 않기 때문에 얻는 것도 없다. 결과적으로 전혀 효율적이지 못한 것이다.

간단한 해결책

매 걸음을 시작할 때 평소보다 더 많이 무릎을 들어 올리고 달리면서 엉덩이와 다리가 확장되는 것을 이용한다. 9장에 소개할 무릎 높이기 훈련이 이러한 자세의 결점을 해결해 줄 것이다.

팔을 움직이지 않는 사람

아마 어떤 사람들은 이런 유형의 사람들을 보며 달릴 때 옆에 팔을 위치하고 거의 움직이지 않으면서 에너지를 아끼는 것이라고 말할 수 있다. 이것은 완전히 비효율적이고 효과가 하나도 없다. 이렇게 하는 것은 에너지가 아껴지는 것이 아니다. 몸 전체의 조화를 제한시켜 효율적인 자세를 취할 수 없게 만든다. 더불어 보폭과 발을 디디는 횟수에도 제약을 가한다.

간단한 해결책

먼저 팔을 90도로 구부려 손과 팔 앞부분은 들어 올려 팔을 작게 흔든다. 그런 다음 보폭 속도를 늘려본다. 당신은 달리는 걸음의 적절한 속도와 균형을 유지하기 위해서 그에 맞게 팔과 다리를 대칭적으로 움직이는 것이 필요할 것이다.

닭 날개 모양을 하고 뛰는 사람

말 그대로 닭 날개처럼 팔을 위치하고 뛰는 사람이다. 팔을 높고 으쓱하는 자세로 팔꿈치는 몸으로부터 떨어뜨리며 앞으로 나가는 추진력을 위해 상체는 과도하게 회전시킨다.

간단한 해결책
팔을 90도로 굽히고 몸에 가까이 같다 붙인 후 달릴 때는 팔꿈치를 뒤로 당긴다. 편안하게 팔을 앞으로 흔든다. 적절한 균형과 보폭 유지를 위해서 팔과 다리를 대칭적으로 계속해서 움직여 준다.

부자연스러운 역학적 움직임으로 달리는 것은 부상을 유발하고 너무 많은 에너지를 쓰면서 근육의 염증을 유발하기도 한다. 실제로 많은 선수들은 나쁜 자세로 자신들을 혹사하고 자연스러운 자세로 달리지 않으면서 자신 몸에 반하는 달리기를 한다.

당신의 달리기 자세 바꾸기

종종 자연스러운 달리기 자세로 달리도록 훈련을 다시 할 때 많은 사람들은 자신이 현재 달리고 있는 자세보다 훨씬 더 어렵다고 말한다. 사실이다! 그들은 이미 비효율적으로 달리는 달리기에 효율적으로 되어 있기 때문이다. 매 걸음마다 제동과 미는 것을 반복하면 몸과 정신은 이미 이런 부자연스러운 방법으로 달리는 것에 적응하고자 하는 노력을 시작한다. 근육은 더 수축되고, 충격은 증가하며, 움직이는 범위는 줄어들고, 달리기 자세는 계속해서 자연스러움과 먼 자세로 바뀌게 된다.

몸을 자연스럽게 달리도록 바꾸는 것은 인내와 시간이 필요하다. 자연스러운 달리기 자세를 시각화하면서 우리 모두는 달리기 위해 태어났다는 것을 기억해야 한다. 편안해지고 중력과 균형을 잡는 모습을 상상해 봐라.

가장 중요하면서 자연스러운 달리기 자세로 바꿀 때 처음 해야 할 단계는 몸 밖에서 발을 디디는 것이 아니라 몸 아래서 발을 디디는 것이다. 발 뒤나 앞이나 중간이나 몸 앞에서 발을 디딜 때는 순간적으로 제동이 생긴다. 앞서 말했듯이 몸 앞에서 발을 디뎌 그 중심을 맞추고자 상체가 뒤로 기우는 것은 귀중한 시간을 낭비하는 꼴이다. 그렇게 되면 앞으로 나아가는 추진력을 유지하기 위해서 당신은 더 많은 힘을 사용하여 밀어야 한다. 그것은 수직 움직임을 증가시키고 근육과 관절, 등 낮은 부분에 충격을 더 전달하며 근육, 힘줄, 연결 조직에 염증을 유발한다.

당신이 이렇게 달리는가? 알아보는 쉬운 방법이 있다. 당신이 달리는 동안 당신의 발을 디디는 것을 봐라. 당신이 발을 착지하는 것이 보인다면 과하게 보폭이 넓은 것이다. 보폭을 줄이고 스텝수(피치)을 올려서 몸의 중심에서 살짝 구부리면 그것이 바로 자연스럽고 효율적인 자세가 되는 것이다.

가벼운 착지

자연스러운 달리기는 발에서부터 시작된다는 것을 기억하라. 몸 아래에서 발 앞이나 중간 부분으로 가볍게 디디는 것은 당신으로 하여금 다음과 같은 것이 가능하게 만든다.

- 적절하게 땅을 인지하여 반응이 적절하게 필요한 신호를 뇌로 보낸다.
- 발목을 고정시켜 발과 발목의 과도한 회전을 막는다.
- 제동력을 없애며 충격을 줄여주고 발을 디디면서 생기는 근육의 염증이나 수축을 막아준다.
- 근육, 힘줄, 뼈가 받는 충격을 줄여주고 발, 발목, 무릎, 다리 아래 부분의 근막이 받는 충격 또한 줄여준다.
- 살짝 앞으로 기울이며 몸과 평행하게 팔을 흔들어주는 것을 유지시키며 앞으로 가는 추진력에 기여한다.
- 새로운 걸음을 시작하고자 무릎을 드는 자세를 취할 수 있게 된다.
- 제동력으로 인해 발생하는 비효율적인 수직 진동을 줄여주고 새로운 걸음을 위해 땅을 미는 데 필요한 과도한 힘을 줄여준다.
- 정신적, 신체적으로 편안한 상태에서 다릴 수 있게 해준다.

몸의 자세

그림 8-1처럼 자연스러운 달리기를 시작하는 자세, 상태가 되기 위해서는 중력과 중심을 잡은 자세에서 시작하는 것이 필요하다. 무릎과 발목은 약간 유연한 상태여야 한다. 머리는 수직으로 세우고 눈은 정면을 응시한다. 전체적으로는 약간 앞으로 기울인다.

그 자세부터 당신이 해야 될 것은 몸을 중심에서 약간 앞으로 숙이고 달리기를 시작하기 위해 한 발을 땅에서 뗀다. 앞으로 가기 시작하면 다른 쪽 발을 들면서 다른 쪽 발이 땅으로 떨어지게 놔둬라. 원래 있던 발을 몸 아래에서 가볍게 디디고 표면을 느끼며 발을 땅 위에 두어라. 그리고 바로 다시 새로운 걸음을 위해 발을 떼어야 한다. 이 과정을 계속해서 반복하라. 이 과정을 빠르게 하면 신속한 보폭을 가능하게 하고 이것은 몸이 움직일 시간을 만들어 준다는 점에서 중요하다. 실제로 2010년 위스콘신대학에서 진행한 연구에 따르면 보폭이 빠를수록 수직 진동을 줄여주며, 더 약하게 제동력이 발생하며 몸의 중심과 가깝게 발을 디딘다고 한다(하이데 아샤이트, 2010). 뜨거운 석탄 위에서 달린다고 생각해보면 가볍고 빠르게 땅을 디디고 빨리 땅에서 떼야 한다는 것을 알 수 있을 것이다. 부드럽고 조용하게 달려라.

상체는 엉덩이에서 어깨까지 반드시 세워야 하고, 이는 코어 근육에서 나오는 힘이 새로운 걸음을 시작하기 위해 무릎을 들게 해준다. 어깨는 뒤쪽에 위치해야 하며 발은 몸과 평행하게 90도로 구부리며 번갈아 가며 뒤로 끌어당긴다. 손은 편안하게 엄지와 검지를 가볍게 맞닿도록 주먹을 쥔다. 무엇보다도 편안한 마음과 몸을 가지고 적은 노력으로도 부드럽게 몸 전체를 움직일 수 있게 만들어야 한다.

앞으로 살짝 기울인 다음, 몸 아래서 발을 가볍게 디디면서 균형점을 잘 찾아야 한다. 발, 허벅지, 햄스트링의 과도한 힘으로 아래

Starting stance　　　　　　Quick cadence　　　　　　Land lightly

그림 **8.1** ｜ 자연스러운 달리기(내츄럴러닝) 자세 (출발자세, 빠른 보폭 속도(피치), 가볍게 착지)

쪽으로 밀어서 올리는 대신 엉덩이 굴근의 도움을 받아 다리를 들어 올려야 한다. 머리는 계속 세워서 앞을 응시한다. 반대편 발이 땅에서 떨어질 때 반대편 팔은 뒤로 끌어당긴다. 걸음을 짧게 하고 걸음 순환 비율을 높여라. 1분당 180~190걸음 정도가 적당하다.

　자연스러운 걸음은 몸 아래 부분을 충격과 회전력 모두 줄일 수 있는 스프링처럼 사용하는 것이다. 착지하는 발 위에 중심을 잡고 있는 상체는 걸을 때마다 필요한 힘을 최소화한다. 짧은 보폭과 빠른 보폭 변화는 같은 속도로 팔을 짧게 흔들게 만들 것이다. 제동력이 없으면 당신은 수직 진동과 제동이 걸린 후에 새롭게 다시 미는 힘을 낼 필요성이 대폭 줄어드는 것을 경험할 수 있다.

　몸 아래서 발을 내디디는 간단한 동작과 그 후에 이어지는 행동들을 통해 당신은 건강하게 달리기를 평생토록 할 수 있는 첫 걸음을 내디딘 것이다.

결함 극복하기

피로하면 어떤 일이 벌어질까? 당신은 장거리 달리기 후반에 뒤꿈치로 디디던 걸음걸이로 다시 돌아가고 싶은 마음이 들 수도 있다. 그러지 말아야 한다. 핵심을 기억하고 계속해서 뒤꿈치로 디디지 않게 노력하라. 보폭을 주리는데 집중하고 몸 아래서 발을 확실히 디딜 수 있게 신경을 써야 한다. 그렇게 되면 계속적으로 자연스러운 달리기 자세를 유지할 수 있다. 긴장을 풀고 호흡을 가다듬으면서 지금 잘 하고 있다는 사실을 인지하라.

앞서 말했듯이, 뒤꿈치를 디딤으로써 발생하는 주요한 두 가지 현상은 세게 밀어야 하는 것과 과도한 보폭이다. 뒤꿈치로 디디면서 보폭을 넓혀 앞부분으로 디디고 강하게 밀면서 달리고 있다면 발가락을 사용해 도약을 하게 되고 이는 종아리 근육과 아킬레스건에 과부하를 가져오게 만든다. 대신, 땅과 평행하게 발의 중간과 앞을 이용하여 디디고 새로운 걸음을 시작할 때 무릎을 사용하는 것이 좋다.

많은 경우에 뒤꿈치로 심하게 걷는 사람이 중간 발로 디디는 것을 배우는 것이 처음에는 훨씬 쉬웠다. (이는 치러닝 창시자 대니 드레이어의 달리기 방식이다.) 완전하게 발을 디디고 새로운 걸음을 위해서 다리를 들어 올리는 것은 당신이 발가락으로 디디고 추진력을 내는 근육들에 부담을 주는 것을 막아준다.

발 중간 부분으로 디디는 연습을 해오던 사람들은 탄력 에너지를 받아서 발을 들어 올릴 수 있는 발 앞으로 디디며 달리고 싶어할지도 모른다. 발 앞부분으로 달리는 것은 좀 더 빠른 속력을 위한 달리기 방식으로 적절한 동작으로 달린다면 속도를 훨씬 더 빠르게 얻을 수 있다.

몸 아래서 발을 디디기 때문에 어떤 착지든 상관이 없다. 중간이나 발 앞부분으로 각각 한 번씩 달려보자. 두 가지 방식 모두 보폭을 빠르게 해야 한다는 것을 잊지 말아야 한다. 발목과 무릎을 유연하게 사용하여 살포시 땅을 딛고 새로운 걸음을 시작할 때 무릎을 바로 드는 과정을 계속해서 반복한다. 새로운 걸음을 시작할 때 밀어 올리던 버릇이 줄어들 때마다 근육이나 힘줄에 가해지던 부담은 줄어들면서 달리기 효율성은 확대될 것이다.

천천히 이행하기

당신은 이제 자연스러운 달리기의 요소와 어떻게 해야 하는지를 배웠다. 당장 오늘부터 바로 시작할 수 있지만 근육과 연조직에 무리가 가는 것을 막기 위해 천천히 이행하는 것이 좋다. 10장에서 다룰 것처럼 점진적으로 연습을 해나가는 동안, 당신이 이전에는 쓰지 않았던 근육과 신체의 움직임을 강화하고 사용하게 될 것이다. 당신이 건강하고 강한 코어 근육을 가지고 있다 하더라도 초반에 달리기 방식을 이행하는 과정에서 피로하거나 아플 수 있다.

시간을 가지고 편하게 하라. 너무 많이 달리거나 빨리 달리려고 하지 말고 자세에 초점을 맞춰서 달려라. 달리던 버릇을 갑자기 고치다는 것은 쉽지 않기 때문에 인내를 가져라. 그래서 나는 짧은 거리를 자세에만 초점을 맞춰서 연습하는 것부터 시작하기를 권한다. 한 번에 약 50m 정도만 달리고 자연스러운 달리기 방식으로 뛰는 것이 어떤 느낌인지를 먼저 느껴라. 이렇게 한 후 일주일에 2번 정도 2마일을 뛰고 그 다음에는 4마일을 2번 정도 뛰는 방식으로 점차적으로 강도를 늘려나가야 한다. 별로 많이 뛰는 것 같지 않지만 양보다는 질이다. 정확한 자세로 달리는 것에 초점을 맞춰야 한다. 평지에서 뛰는데 누가 달리는 거리를 줄이라고 하면 기분이 썩 좋지 않을 수도 있다. 하지만 5, 10, 20마일 밖에 안 되는 거리를 바꾼 자세로 달리려고 한다면 굉장히 힘들고 아프면서 심지어 부상을 입을 수도 있다. 완벽하게 자세를 바꾸기 위해서는 4~8 주 정도의 시간이 걸리고 혹은 그 이상이 걸릴 수도 있다. 하지만 이 정도로 효과를 주는 것에 비해서는 그렇게 많은 시간을 쓰는 것이 아니라는 것을 명심해야 한다.

   자연스러운 달리기로 이행하는데 차질이 생길 수도 있다. 어떤 날은 잘 하고 있는 것 같지만 어떤 날은 그렇지 않다는 느낌을 받을 수도 있다. 달리다 보면 자신도 모르는 순간 새 걸음을 시작하려고 발을 밀어 올리고 있고 팔은 너무 낮게 흔들고 있다는 것을 깨달을지도 모른다. 하지만 당신이 생각하는 것보다 자연스러운 달리기에 가까워지고 있는 것이기 때문에 절대로 좌절해서는 안 된다. 앞서 말한 자연스러운 달리기의 기본을 꾸준히 연습하면서 훈련을 해나간다면 충분히 자연스러운 달리기로 변화시킬 수 있다.

9장

역동적인 힘과 달리기 방식 훈련

당신은 어떻게 달리기 역학을 향상시키며 자연스러운 달리기 자세로 변화할 수 있을까? 이 장과 다음 장에서는 훈련과 8주 연습 프로그램 소개를 통해 당신이 좀 더 건강하고 효율적으로 달리는 사람이 될 수 있도록 도와줄 것이다. 시간이 걸릴지라도 당신이 생각하는 것보다는 쉽다. 한 번만 적절하게 자세를 변화시킨다면 남은 달리기 생활 동안 당신은 충분히 달리기를 하면서 많은 이점을 얻을 수 있다.

좋은 소식은 당신은 이미 달리기 자세를 바꾸는 과정에 있다는 것이다. 자연스러운 달리기 자세로 이행할 때 첫 번째 단계는 이전 장들에서 소개한 것과 같이 자연스러운 달리기를 생물 역학적, 물리적 관점으로부터 이해하는 것이다. 적응 계획은 당신이 이 책을 읽기를 원하는 것이나 혹은 강제적으로 누가 읽으라고 시켰던 간에 이미 하고 있는 것이지만, 당신이 개인적인 달리기 자세 교정을 시작할 때 앞선 부분을 다시 읽어보기를 권한다.

10장에서는 8주 연습 프로그램에 대해 자세히 소개하겠지만 일부의 경우는 더 오랜 시간이 걸릴 지도 모른다. 사람에 따라서 걸리는 시간은 다양할 것이다. 중요한 것은 지금부터 시작하는 것이고, 자연적인 자세를 적절하게 배우는 것이고, 새로운 자세를 배우는 것을 방해하는 기존의 습관을 버리는 것이다.

두 번째 단계는 자연스러운 달리기 자세를 이루는 전신 운동학의 요소들을 자세히 살펴보는 것이다. 자연스러운 달리기 역학에 포함된 정확한 움직임을 이해하는 것은 맨발 혹은 잡다한 기능이 덜 들어간 신발을 신고하는 반복적인 훈련을 통해서 이루어질 수 있다. 시작 단계에서는 과사용 부상을 방지하기 위해서 일주일에 두 번 정도 훈련 하는 것이 좋다. 절대로 과하게 해서는 안 된다. 당신은 이미 수년간 몸에 배어있던 부적절한 자세를 고치려고 할 수 있다. 게다가 뒤꿈치가 많이 올라가 있고 신발 중간에 푹신한 안감이 들어가 있는 기존의 러닝화를 신고서 달려왔다면 발과 발목, 다리 아래쪽에 있는 근육 대부분이 활성화되어 있지 않을 것이다. 이 경우 다시 근육을 활성화시키기 위해서는 피로와 아픔이 동반되기 쉽다. 그렇기 때문에 몸의 상태에 귀를 기울이면서 과하게 운동하는 것을 피해야만 한다.

9장에 소개된 훈련들은 짧으면서도 근육을 활성화시키고, 신경계를 깨우고, 자기 수용능력을 향상시키며 근육의 기억을 늘려준다. 자연적인 표면에서 연습 1~2주차에 맨발로 한 번에 5~10분 이상 뛰는 것은 권하지 않는다.

최적의 자연스러운 달리기 상태가 되기 위해 신발은 가벼우면서도, 유연하고, 땅을 잘 느낄 수 있게 뒤꿈치의 경사각이 0~5mm 정도인 것이 좋다. 이것이 당신이 적절한 달리기 자세를 전신 운동학적으로 얻을 수 있는 유일한 방법이기도 하다. 발밑에 많은 발포 고무와 두꺼운 쿠션이 있는 신발을 신고 발 중간이나 앞부분으로 디디는 것은 뇌까지 전달되는 정보가 늦어지게 만든다.

기존의 러닝화를 신고 있다면 점진적으로 가벼운 신발을 통해서 맨발로 달리기를 시작하기 전에 점점 더 많이 표면을 느끼는 것이 필요하다. 점진적으로 바꾸는 것의 의미는 당신이 신발을 바꾸고 아주 짧은 거리를 달리는 것부터 시작하라는 것이다. 옛날 신발과 새로운 신발 사이에서 우물쭈물하고 있으라는 말이 아니다. 우물쭈물 하는 것은 당신이 새로운 자세를 이행하는 데 더 많은 시간이 걸리게 하며 옛날의 자세가 계속해서 지속되게 만든다.

끊임없는 반복

달리기로 말하자면 엄청난 근육의 힘이 필요하다. 항상 다리 근육을 쓰고 있기 때문에 다른 보조적인 훈련이 필요가 없기 때문에 달리기가 간단한 운동이라는 것은 잘못된 생각이다. 물론 일주일에 5~6번씩 나가서 뛸 정도라면 튼튼한 다리 근육을 갖고 있을 것이다. 그러나 자연스러운 달리기 자세를 위해서는 정확한 신체의 움직임과 엉덩이 굴근, 상체 복근, 하체 복근, 사근, 요근을 포함한 코어 근육의 힘이 필요하기 때문에 끊임없는 운동이 필요하다. 앞서 말했듯이 뒤꿈치가 들린 일반적인 러닝화를 신고서 달리기를 해왔다면 맨발로 달릴 때는 유연하지 않거나 원하는 곳으로 움직이지 못할 정도로 발이 약해져 있을 것이다.

자연스러운 달리기의 정확한 움직임을 적절하게 취하기 위해서는 반드시 필요한 근육의 힘을 길러야만 한다. 나는 코어와 등 아랫부분, 발, 발목, 다리 아래쪽의 힘을 길러주기 위한 주요 훈련들에 대해서 소개해놓았다. 여기서 소개하는 훈련은 시작 단계일 뿐이고 더 강한 힘을 기르기 위해서는 많은 훈련들이 추가적으로 있다. 훈련을 주기적으로 소화한다면 몇 주 안으로 정교하게 근육의 힘이 늘어난 것을 느낄 수 있을 것이다. 계속해서 이 운동을 꾸준히 함으로써 다른 근육 부위의 도움 없이도 정확한 움직임을 행할 수 있을 정도로 힘을 기를 수 있을 것이다. 코어 근육을 향상시키는 것은 몸의 균형을 잡기 위해 쓰던 다리 근육의 힘을 분산 시킬 수 있다. 요점은 강도 높은 유산소 운동과 근육 향상 훈련을 병행하면 당신의 달리기 기록을 단축시키는 것은 물론 더 잘 뛸 수 있고 회복 속도 또한 빨라진다는 것이다. 예를 들면, 강력한 엉덩이 굴근, 복근, 요근 과 사근이 있다면 새로운 걸음을 시작할 때 다리를 들어 올리는 것이 수월해진다. 발과 발목, 낮은 다리가 강할수록 착지를 가볍게 하고 땅으로 받는 충격을 완화하면서 유연한 무릎을 스프링처럼 사용할 수가 있다. 그러나 코어 근육이 약하다면 위의 두 가지 동작을 하는데 훨씬 더 많은 힘이 들고 새로운 걸음을 시작하고자 밀어 올릴 때 엄청나게 많은 다리 힘을 사용해야 한다.

힘을 기르는 훈련을 하는 동시에 당신은 식이요법을 위해 일주일에 두세 번 정도 자세 훈련을 해야 한다. 자세 훈련은 좋은 자세를 자세하게 살펴보고 달리는 동안 반복적으로 정확한 자세를 취하도록 한다. 이전에 말했듯이 작든 크든 자세를 바꾸는 것은 시간이 걸리기 때문에 위에서 말한 근육 운동과 자세 훈련을 꾸준히 할 수 있도록 마음먹어야 한다.

최적의 자연스러운 달리기 자세를 수량화하는 것은 어렵지만 모든 달리기 선수들은 자연스러운 달리기의 다양한 부분들을 바탕으로 달리기 기술을 꾸준하게 향상시킬 수 있고 향상시켜야만 한다. 그것은 당신의 달리기 경제성을 높여줄 뿐만 아니라 당신이 덜 피로하며 힘든 운동과 달리기로부터 더 빠르게 회복될 수 있도록 도와줄 것이다.

근육 강화 훈련

근육 강화 훈련을 시작하기 전에 반드시 가볍게 걸어주거나 자연스러운 자세로 1마일 정도 조깅을 하거나 트레드밀이나 자전거 운동기구를 통해서 몸을 풀어주는 것이 좋다. 이 훈련을 2세트 정도를 해주면 몸이 움직임에 적응하며 근육을 역동적으로 사용할 수 있게 된다. 이러한 움직임에 편안해 지고 더 할 수 있을 듯한 느낌이 들면 실시할 때마다 총 3세트를 실시한다. 1주일에 최소 3회 정도는 반복해주며 최소 중간에 하루씩은 쉬는 날이 있어야만 한다.

1. 계단 오르기 훈련

자연스러운 달리기 걸음으로 당신의 몸은 발 중간과 앞으로 디딜 때 생기는 충격을 어느 정도 흡수할 수 있다. 흡수할 수 있는 능력은 발바닥 근막, 아킬레스건과 발, 발목, 다리 낮은 쪽에 있는 근육들의 탄력적인 반동에 좌우된다. 이 말은 당신이 발과 발목, 다리 낮은 부위의 힘을 길러야만 한다는 것이다. 역동적으로 힘을 강화하기 위한 쉬운 훈련은 계단의 모서리에 발 중간 부분으로 균형을 잡는 것이다. 그 후 계단을 바라보며 한쪽 무릎을 구부리고 한쪽 다리는 뒤꿈치를 살짝 들어준다. 이때 다리는 펴져있어야 한다. 계속해서 같은 발로 균형을 잡고 긴장을 풀면서 서서히 뒤꿈치를 내린다. 엉덩이는 처음 시작할 때 무릎을 구부린 것과 같은 높이를 유지한다. 매 회마다 양 발 모두 각각 10번 실시한다.

2. 고정 스쿼트

등을 벽이나 기둥에 대고 발은 기둥에서 약 한 발 정도 떨어진 곳에 위치시키고 등 아래와 코어근육, 복근, 엉덩이에 힘이 들어가는 것을 느끼면서 천천히 등을 아래쪽으로 민다. 무릎이 90도가 되는 지점까지 계속해서 등을 밀고 10초간 그 자세를 유지한다. 사두근과 햄스트링 주변 근육들이 운동되는 것을 느낄 수 있을 것이다. 매 회마다 이 운동을 서너 번 반복하라. 스위스 볼을 벽과 등 사이에 놓고 운동을 할 수도 있다. 이 경우 공을 뒤로 밀면서 대둔근과 등 아래 부분의 유연성까지 기를 수 있게 된다.

3. 베개 훈련

두꺼운 베개나 소파 쿠션, 물리 치료를 위해 고안된 공기 쿠션을 이용하여 맨발인 상태로 한쪽 다리를 쭈그리고 균형을 잡으며 자기수용능력, 몸의 균형 감각, 발과 다리 아래 부분의 힘을 기를 수 있다. 발밑의 불안정한 표면으로 인해 당신의 발은 자연스럽게 몸이 다음에 어떤 움직임을 취해야 하는지 뇌를 이용해 원심성 피드백을 받고자 할 것이다. 이 훈련은 신발을 신었을 때 당신의 발이 피드백을 주고 받는 과정을 훈련시키며 뇌가 몸에 전달하는 감각적인 상호작용을 발달시킬 것이다.

한 다리로 하는 스쿼트

한쪽 다리로 베개 위에 서서 스쿼트 자세로 땅과 다리가 평행할 때까지 천천히 구부리기 시작한다. 뒤꿈치가 아닌 발 중간과 앞부분에 힘이 실리는 것을

느껴봐라. 균형을 잡기 위해 손을 사용하면서 최대한 몸 쪽 가까이에 손을 위치한다. 머리는 그대로 두며 눈은 정면을 응시한다. 천천히 다시 일어나면서 계속해서 발의 앞과 중간 부분에 힘을 싣는다. 일주일에 총 2회를 실시하고 한 회당 8~10번 정도 반복한다.

물체를 이용한 스쿼트

한 다리로 베개 위에 서서 스쿼트 자세까지 천천히 구부린다. 반대 손은 베개 앞쪽에 놓인 물체를 집

는다. 이 동작을 할 때 균형을 유지하면서 스쿼트의 속도를 유지한다. 이 때 물체는 양말이나 테니스공같이 작고, 가벼운 무게의 물체를 이용하는 것이 좋다.

4. V자세 운동

 이 운동은 상, 하 복근의 힘을 길러주면서 동시에 등 아래쪽과 사타구니 엉덩이 굴근의 힘을 길러준다. 무릎을 구부리고 반듯이 누운 자세에서 복근을 수축하여 천천히 다리와 상체가 맞닿게 한다. 팔이 무릎에 닿으려고 뻗는 것을 주의한다. 상체와 다리가 대략 45도 정도를 유지하여 마치 V자 모양이 되면 멈춘다. 2초간 그 자세를 유지하고 다시 시작 자세로 천천히 돌아간다. 이 운동은 당신이 균형을 잡기 위해 쓰던 다리 근육의 힘을 코어 근육으로 분산시켜주며 궁극적으로는 새로운 걸음을 시작할 때 다리를 쉽게 들어 올릴 수 있도록 도와준다. 매 회당 5~10번 반복한다.

5. 천천히 하는 크런치 운동

반듯이 누운 자세에서 무릎을 구부리고 등과 발은 땅에 붙인다. 쭉 편 팔이 엉덩이에서 시작해 다리 상부에 다다를 때까지 천천히 머리와 상체를 들어 올린다. 이 훈련의 핵심은 천천히 움직여야 한다는 것이고 복부에 있는 작은 근육을 강화한다는 것이다. 빠르게 움직이면 큰 근육을 자극하는 것이기 때문에 피해야 한다. 머리를 들어 올릴 때 뻗은 팔이 최대한 발에 가깝게 닿을 때까지 들어 올리고 천천히 시작 자세로 돌아간다. 이 운동은 코어 근육을 발달시키는 운동 중의 하나이며 이 운동은 새로운 걸음을 시작할 때 다리를 들어 올리는 것이 용이하도록 만들어 준다. 한 회당 5~10번 정도 반복해준다.

6. 받침대 운동

이 운동은 자연스러운 달리기의 전신 운동 역학을 용이하게 해주는 허벅지 중간 부분부터 흉곽의 아래 부분까지에 걸친 근육을 단련시키는 목표로 하고 있다. 궁극적으로 허벅지 중간부터 흉곽 아래 부분은 당신이 다리의 움직임과 상체의 자세가 안정적일 수 있는 바탕이 된다. 특히 피로가 쌓일 때 더욱 필요한 근육 부위이다.

뒤집어 누워 팔꿈치로 받친 후 한 다리 들기

뒤집어 누운 자세에서 팔과 팔꿈치, 발가락으로 균형을 잡고 천천히 한쪽 다리를 최대한 들어 올린다. 이 때 발가락은 아래쪽을 향하면서 무릎은 똑바로 편다. 어깨에서 엉덩이, 고정된 다리의 발목까지는 계속해서 같은 자세를 유지한다. 다리를 올릴 때 엉덩이가 너무 높게 따라가서는 안 된다. 1회당 5~10번 정도를 반복한다.

바르게 누워 팔꿈치로 받친 후 한 다리 들기

반듯하게 누운 자세에서 팔 앞부분과 팔꿈치, 한쪽 다리를 이용하여 균형을 잡고 반대쪽 다리를 쭉 펴서 들어 올린다. 이 때 발가락은 하늘을 향하면서 다리는 약간 구부린다. 이전에 소개한 운동과 마찬가지로 몸은 일직선을 유지해야 하고 엉덩이가 처져서는 안된다. 1회당 5~10번 정도를 반복한다.

측면으로 누워 팔꿈치로 받친 후 한 다리 들기

한쪽 측면으로 몸을 돌려 팔과 팔꿈치, 한쪽 발을 이용하여 균형을 잡고 나머지 발과 다리는 쭉 펴서 들어 올린다. 받치고 있지 않은 팔은 엉덩이 위로 올리고 목과 몸통, 엉덩이, 다리는 정렬을 이룬다. 한 회당 5~10번 반복하고 반대 측면으로 돌아서도 동일한 방법으로 훈련한다. 받치고 있는 발을 더 벌리면서 더 어렵고 다양한 훈련을 할 수도 있다.

바르게 누워 무릎과 팔꿈치로 받친 후 엉덩이 들어 올리기

앞 팔과 팔꿈치로 한쪽 무릎으로 바르게 누운 상태에서 균형을 잡는다. 등은 구부리지 않으며 코어 근육을 단단하게 만든 상태에서 받치지 않은 무릎을 천천히 들어 올리고 무릎을 구부려 발은 하늘을 향하게 한다. 이 자세를 몇 초간 지속한 후 다시 시작 자세로 돌아온다. 한 회당 양 다리를 각각 5~10회씩 실시한다.

바르게 누워 무릎으로 받친 후 엉덩이를 들며 균형 잡기

손과 무릎으로 균형을 잡은 후 왼쪽 팔꿈치가 쭉 펼쳐질 수 있도록 땅과 수직을 이루며 팔을 쭉 편다. 그 후에 오른 쪽 다리의 무

릎을 구부려 천천히 들어 올리고 다리 윗부분이 땅과 수직을 이루는 지점에서 멈춘다. 왼쪽 무릎과 오른 팔이 균형을 잡고 있는 이 자세를 2~3초가 유지한 후 다시 시작자세로 천천히 돌아온다. 한 회당 양 다리를 각각 5~10회씩 실시한다.

뒤로 누워 무릎과 팔꿈치로 받친 후 엉덩이 들어 올리기

허리는 피며 코어 근육을 딱딱하게 만들면서 팔 앞부분, 팔꿈치, 발 하나를 이용하여 뒤집은 자세의 균형을 잡는다. 한쪽 발을 위쪽으로 들어 올린다. 이 자세를 유지한 후 다시 처음 자세로 돌아온다. 한 회당 10번 반복 실시한다.

7. 프리즈너 스쿼트

발을 어깨넓이로 벌려서 선다. 손은 머리 뒤에 위치하며 팔꿈치가 가슴, 엉덩이, 발목과 수평으로 위치하고 있으면 된다. 이 상태에서 천천히 무릎을 구부리고 동시에 하체도 아래 쪽으로 같이 움

직인다. 아래로 내려갈 때 발뒤꿈치를 들며 둔근을 쥐어짜기 바로 직전에 순간적으로 균형을 잡고 다시 시작 자세로 돌아온다. 이 훈련은 등 아래 부분과 함께 무릎을 유연해야 하는 운동의 시작 자세에 사용되는 근육의 힘을 강화시켜준다. 한 회당 10번 반복한다.

8. 런지

서 있는 자세에서 한 다리를 앞으로 크게 뻗는다. 몸통은 바르게

피고 코어 근육에 힘을 주며 무릎을 굽히고 몸을 천천히 아래로 내린다. 뒤쪽 무릎이 땅에서 6~8인치 정도 위에 있을 때까지 내리다가 멈춘 후 다시 반대의 동작으로 시작 자세로 돌아간다. 한쪽 다리를 들어 균형 잡힌 자세에서 불균형 잡힌 자세로 이동할 때 사용되는 코어 근육과 햄스트링 상단과 사두근을 이 운동을 통해서 단련시켜줄 수 있다.

자세 훈련

자세 훈련은 하기 쉬우며 많은 시간이 걸리지는 않지만, 운동이 끝난 후에 종종 사람들이 간과하거나 까먹기도 한다. 한 번에 5~15분 정도의 시간을 일주일에 세 번 정도 투자하면 당신의 달리기에 엄청난 도움이 될 것이다. 좀 더 유연하면서도, 효율적이고, 단거리든 장거리든 더 빨리 달릴 수 있는 달리기 선수가 될 수 있다.

대부분의 훈련은 좋은 자세를 위한 한 개 이상의 동작을 포함하고 있다. 발을 간결히 흔드는 것, 발 중간 부분으로 디디는 것, 1분에 180번의 보폭 정도 되게 빠르게 발을 바꾸는 것, 살짝 앞으로 기울이며 꼿꼿하게 편 자세, 자세가 고정은 되어 있지만 얼굴, 턱, 목, 어깨, 몸통은 긴장을 풀고 있는 것들이 있다. 이렇게 반복적으로 움직임을 강조하여 달리기 역학에 동작을 적용했을 때 편안함을 느낄 수 있게 몸을 훈련하는 것이다. 일부 훈련의 경우는 내재 근육 및 발의 충양근과 같이 작은 근육들을 단련시키는 데 초점을 맞추고 있다. 어떤 훈련의 경우는 몸 중심 아래서 발 중간 부분을 디딜 수 있도록 연습하는 훈련도 있으며 반응 속도를 높이기 위해 신경근을 단련시키는 훈련도 있다.

어떤 자세 훈련이든 반드시 시작하기 전에는 가볍게 걸어주거나 자연스러운 자세로 1마일 정도 조깅을 하거나 트레드밀이나 자전거 운동기구를 통해서 몸을 풀어주는 것이 좋다. 10 장에서는 이 훈련들이 어떻게 자연스러운 달리기로 이행이 되는지에 따라서 3개의 하위 그룹으로 분류를 해놓았다. 처음에는 그냥 하나의 운동으로 별개이겠지만 결국에는 다른 훈련과 여러 유형의 달리기에 함께 적용되어 사용될 것이다. 자세 훈련은 달리기 운동을 하기 전이나 운동이 끝난 후에 실시할 수 있지만 운동이 끝난 후에 하는 것이 다양한 속도와 거리를 달림으로써 얻은 근육의 긴장이나 수축을 풀어주는 데 있어 매우 효과적이다.

기억하라. 이 훈련을 할 때는 반드시 낮은 강도로 자세에 초점을 맞춰서 실시해야 한다.

1그룹

1. 제자리 달리기

매우 간단하게 보이지만 앞서 말한 좋은 자세에 대한 모든 측면을 포함하고 있다. 고정적인 자세에서 보폭 속도를 느리게 했다가 빠르게 하는 변화를 줄 수 있다. 이 훈련을 하면서는 이 동작들이 어떻게 달리기에 적용이 될 수 있는지를 생각하면서 각각의 개별적인 동작을 취해야 한다. 이 훈련은 최적의 보폭 속도인 1분의 180걸음 정도를 할 수 있도록 발

의 보폭 속도를 효율적으로 올려줄 수 있다. 또한 걸을 시작할 때 미는 것 대신 다리를 들어 올릴 수 있을 것이다. 매 회당 15초씩 세 번을 실시한다.

2. 줄넘기

줄넘기는 당신이 발 중간으로 부드럽게 착지할 수 있도록 도와주고 새로운 걸음을 시작하기 전에 땅에서 뒤꿈치를 탄력적인 반동

으로 떼는 것을 도와준다. 특히 맨발로 줄넘기를 할 때 뒤꿈치로 디디면 뒤꿈치, 발목, 다리에 많은 충격이 전해지기 때문에 몸은 당신이 뒤꿈치로 착지하는 것을 자연스럽게 막을 것이다. 줄넘기는 또한 미는 것 대신 다리를 떼는 것으로 걸음을 시작해야 한다는 생각을 강화시킬 것이다. 땅에서 점프를 할 때는 발로 땅을 강하게 미는 것이 아니라 가볍게 발을 들어 올린다는 생각에 초점을 맞춰야 한다. 느린 속도에서 빠른 속도까지 변화를 주면서 좋은 자세에 집중을 한다. 매 회마다 반드시 15~20초 정도는 지속해준다.

3. 무릎 들어 올리기

제자리에서 무릎을 높이 들어 달리는 것은 새로운 걸음을 시작할 때 땅을 미는 것이 아니라 다리를 들어야 한다는 것을 훈련할 수 있다. 다리를 90도 각도로 허벅지가 땅과 평행할 때까지 들어 번갈아 가며 제자리에서 조깅을 한다. 제자리에서 달리는 훈련처럼 상체를 살짝 앞으로 기울이고 이 훈련을 통해서  얻어진 추진력은 점차적으로 당신을 앞으로 가게 해 줄 것이다. 부드럽고 편안하게 발을 디뎌야 한다는 것에 초점을 맞추며 코어 근육을 사용하여 다리 아래를 들어 올린다. 이 훈련은 물론 다리가 과도하게 높게 올라가 있어서 팔을 조금 늦게 움직이더라도 지속적으로 발을 간결하게 움직일 수 있도록 도와준다. 팔의 움직임은 결국 새로운 걸음을 시작하면서 다리를 드는 것을 도와주고 균형을 유지할 수 있게 해준다. 간단히 정리해보면 이 훈련을 할 때 팔은 당신 측면에 고정시켜봐라. 당신은 발이 땅을 미는 것을 느낄 수 있으며 계속해서 균형을 잡는데 시간이 오래 걸린다는 것을 느낄 수 있을 것이다. 몸통과 머리, 어깨를 편안하게 유지하면서 수직 진동을 하지 않게 유의한다. 한 회당 양 다리를 각각 10번씩 들어 올린다.

4. 엉덩이 차기

엉덩이 차기는 달리기 걸음 단계에서 회복하는 부분을 보여주는 훈련이다. 다리를 들어 올릴 때 햄스트링 근육을 사용하는 것이 아니라 사두근과 둔근 및 엉덩이 굴근을 이용하여 가볍게 차 올린다는 느낌으로 다리를 들어 올리고 그 후에 몸의 중심 아래로 발을 내린다. 이 움직임은 빠르고 확실히 취해야 하지만 편안하게 해서 다시 발 중간 부분으로 착지할 때 부드럽게 할 수 있어야 한다. 무릎 들어 올리기 훈련처럼 팔을 간결하고 꾸준히 흔들어주는 것은 균형을 잡아주고 빠른 보폭을 유지시켜

준다는 점에서 매우 중요하다. 매 회당 각각 10번씩 다리를 번갈아 가며 실시한다.

2그룹

1. 당나귀 발차기

이 운동의 동작은 이름 그대로이다. 상체는 꼿꼿이 펴고 살짝 숙인 상태에서 팔은 간결하게 흔들며 무릎은 준비 자세를 취한다. 마치 뒤에 있는 무언가를 찬다는 느낌으로 한 다리를 뒤로 당긴다. 고정하고 있는 다리의 발 중간 부분으로 균형을 잡으며 마치 걸음에서 회복 국면이 시작하듯이 반복해서 반대쪽 다리를 끌어당기고 반동을 줘서 다시 보낸다. 이 운동은 엉덩이 근육에 도움이 되며 몸의 중심 아래서 발을 디디도록 훈련을 시켜준다. 매 회당 양 발 각각 10번씩 실시한다.

2. 팔 뒤로 끌어당기기

이 훈련은 팔을 휘두르는 동작에서 가장 마지막 단계를 훈련하는 것이다. 상체를 펴고 약간 앞으로 숙여 달리는 자세를 만든다. 이 때 팔은 90

도 혹은 그것보다 더 작게 구부린 다음 뒤쪽으로 번갈아 가며 민다. 중요한 것은 팔을 뒤로 밀었을 때 몸통과 평행해야 한다는 것이고 절대로 움직임을 돕기 위해 어깨가 같이 회전해서는 안 된다. 한 회당 각각의 팔을 10번씩 실시한다.

3. 장애물 넘기

이 훈련은 다리를 앞으로 돌진하거나 엄청난 힘으로 땅을 미는 것 없이 단순히 다리만 들어 올리는 움직임을 연습하는 것이다. 이 것을 하기 위해서 땅에 물체를 몇 개 올려놓아라. 딱딱한 표지의 책도 되고 운동복을 말아놔도 된다. 팔을 꾸준히 흔들며 다리를 들어 물체를 향해 달려라. 물체를 건드리는 것은 피하고 각각의 물체를 뛰어 넘어가라.

4. 몸 균형 잡기

이 훈련은 당신이 중심을 잡고, 균형 잡는 것을 도와주고 자연스러운 자세로 달릴 때 굉장히 중요하다. 제자리에서 달리는 것부터 시작하라. 몸을 앞으로 살짝 기울이고 앞으로 달리기 시작하라. 몇 발자국 간 다음 다시 몸을 바로 세워서 제자리에서 뛰어라. 이번에는 몸을 뒤로 기울이고 뒤로 움직이기 시작한다. 앞뒤로 달리는 것은 당신의 몸이 전체적인 균형을 알 수 있게 해준다.

3그룹

1. 스키핑 훈련

빠른 스키핑

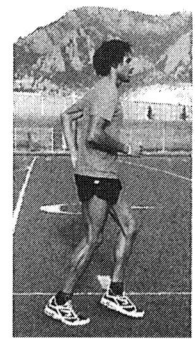

이 훈련의 목적은 신경근 조직의 속도를 빠르게 만들어 분당 180걸음을 달리거나 혹은 그 이상의 빠르기로 달릴 수 있게 만드는 것이다. 새로운 걸음을 시작하기 위해 재빠르게 한 다리를 들어 올리고 다른 발은 두 번 정도 빠르게 띈다. 두 번을 빠르게 띈 후 발을 바꿔 반대 발 역시 같은 동작을 취한다. 정확하게 동작을 취한다면 이 훈련은 몸의 리듬이 딱딱 끊어지는 느낌을 받을 수 있을 것이다. 빠르고 간결하게 팔을 흔드는 것은 균형과 빠른 보폭을 유지하는데 중요하다. 매 회마다 꾸준한 속도로 15~20초 정도 스키핑 동작을 취한다.

느린 스키핑

위의 빠른 스키핑 동작과는 달리, 이 훈련은 달리는 보폭에서 들어 올린 다리를 더욱 높게 들어 올리는 것이다. 이 훈련을 통해서 당신은 새로운 걸음을 시작할 때 미는 것 대신 다리를 들어 올리는 연습을 할 수 있으며 공중에서 다리가 떠 있는 시간을 늘릴 수 있다. 이 훈련의 리듬 역시 딱딱 끊어지지만 위의 훈련보다는 느리다. 약간 느리면서 간결한 팔 동작 역시 위의 훈련처럼 균형과 빠른 보폭을 유지하는데 중요하다. 매 회마다 꾸준한 속도로 15~20초 정도 스키핑 동작을 취해준다.

2. 보폭 늘리기

땀을 흘려가면서까지 같이 훈련을 도와주는 코치는 일주일에 여러 번 보폭 늘리기 훈련을 권할 것이다. 보폭을 늘리는 것은 당신이 몸이 움직일 수 있는 모든 범위를 체험할 수 있게 해주며 빠른 속력의 달리기에서도 빠른 걸음 속도, 엉덩이를 쭉 펴고, 빠르고 간결한 팔 움직임 같이 좋은 자세를 유지할 수 있도록 도와준다. 이 훈련의 핵심은 최소한의 에너지를 사용하여 속도를 조절하는 것이고 새로운 걸음을 시작할 때 다리를 들어 올리는 연습을 하는 것이다. 처음에는 보통 속도로 시작하다가 점점 더 속력을 높여 최고 속력의 75% 정도까지의 빠르기로 달린다. 한 회가 끝날 때쯤에는 천천히 조깅하는 정도로 속도를 낮추면서 30초간 쉰 후 다시 시작한다. 매 회마다 50~70m를 4~6 걸음으로 간다.

맨발로 달리기: 조금씩 하는 것이 좋다.

당신이 완전히 세상과 단절되어 뉴스를 보지도 않고 주말에 하는 달리기에 대해서 아무에게도 말하지 않는 것이 아니라면 당신은 아마 맨발로 달리는 것에 대해서 들어봤을 것이다. 뉴욕타임스, LA타임스, CNN, ABC 뉴스, 타임 같은 주요 언론매체들이 맨발 달리기의 확산에 대해서 보도를 하기 때문에 이에 대해 들어보지 못하는 것은 정말로 쉽지 않다.

조금씩 가끔 맨발로 걸어준다면 당신의 달리기 역학 향상에 도움을 주며 신발을 신고 있더라도 발의 중간 부분과 앞부분으로 가볍게 착지하는 법을 알려줄 것이다. 발의 근막과 근육을 강화시키는 것이 가능해지기 때문에 발을 땅에 디딜 때 다리 근육에 많은 힘을 의존하지 않아도 된다. 발의 중간부분과 앞부분으로 디디는 것은 발목을 고정시키고 발의 아치 모양을 잘 사용하여 스프링처럼 무릎을 사용할 수 있다는 것을 기억하라. 맨발로 달리는 것은 적절한 자세로 달리고 이런 움직임을 가져다주는 근육을 강화해준다.

맨발로 어떠한 훈련이나 달리기도 해보지 않았다면, 맨발로 달리는 것을 천천히 이행해야 한다. 뒤꿈치에서부터 발 중간, 발끝을 이용해 걷는 것을 시작으로 자연스러운 자세로 가볍게 조깅을 한다. 몇 주 후 너는 당신은 쉽게 보폭을 늘리는 달리기를 하면서 장거리나 트랙에서 운동을 한 후 부드러운 잔디 위에서 마무리 운동으로 몇 바퀴 달릴 수 있게 될 것이다.

미국의 달리기 전문가이면서 대학에서 달리기 코치를 하고 있는 알베르토 살라자, 테렌스 마혼, 그레그 멕밀란, 피트 레, 그레그 바커, 빈 라나나, 카렌 하비, 제이 존슨처럼 많은 코치들은 선수들의 자세를 유지시키고 향상시키기 위해서 맨발로 달리도록 하거나 발의 힘과 자기 수용력을 증진 시켜 줄 훈련을 이용 혹은 가벼운 러닝화를 이용하여 달리도록 한다. 이는 달리기를 하는 선수들의 달리기 경제성을 극대화시킬 수 있다.

그러나 아무리 조금씩 하더라도 맨발로 달리는 것에는 위험성이 따르고, 모두가 이 방법을 옹호하는 것은 아니다. 1980년대 중반 달리기 기계로 불리면서 마라톤 세계 신기록 보유자 스티브 존스의 예를 들어보자. 그는 오늘날 성공적인 마라톤 코치로 활약하고 있다. 그러나 그는 맨발로 달리는 것에 대한 위험성이 보상보다 크다고 생각하기 때문에 맨발로 달리는 것에 대해 우호적이지 않다. "잘못되거나 다칠 가능성이 너무 많습니다"라고 그는 말한다. 만약 달리는 선수가 상대적으로 약한 발을 가졌거나 피로 골절을 겪으면 어떻게 하나? 존스가 지적한 이런 종류의 부상이나 우려는 당신을 일 년 혹은 그 이상 달리지 못하게 만들 수 있다.

제이 존슨은 콜로라도 볼더에서 중장거리 프로 선수들을 지도해오고 있다. 그는 선수들에게 운동이 끝난 후 부드럽고 일정한 인공 잔디에서 느린 속도로 약 0.5마일 정도를 맨발로 뛰도록 일주일에 두 번 정도 실시하고 있다. 그는 맨발로 달리는 것이 선수들의 발이 편안해지고 신축성이 늘어나는 방법이라고 생각한다. 맨발로 달리는 것은 그가 데리고 훈련하는 프로 선수들이 하루 중에서 가장 천천히 뛰게 되는 훈련이고 너무 춥거나, 젖거나, 더우면 실시하지 않는다.

존슨은 말했다. "우리는 통제된 환경에서 통제된 상태 내에서만 맨발로 달리기를 실시하고 있다. 명심할 점은 이 선수들은 굉장히 튼튼하고 몸 상태가 좋다는 것이다."

존슨은 또한 자기 수용능력을 늘리기 위해서 정적인 맨발 훈련을 몇 가지 이용하기도 한다. 예를 들면 선수들에게 눈을 감고 런지를 하든지 한 발을 들고 균형을 잡으며 천천히 스쿼트를 하게끔 하고 있다. 머리는 보이지 않는 상황을 극복하고자 하면서 계속해서 몸의 균형을 잡고자 한다.

튼튼하고 빠른 발이 되기 위해서 존슨이 중요하다고 생각하는 것은 최소의 신발로 뛰는 것이다. 그가 말하는 최소의 신발은 가벼우면서도 경사각이 상대적으로 없어서 발이 최적의 효율성과 경제적인 자세인 자연스럽게 착지하고 구부리고 움직이는 것이 가능하게 하는 것이다. 이것은 발의 본질이라고 불리고 있다.

존슨은 "발이 만들어진 대로 충격을 흡수하고 땅 위에서 효율적으로 움직이는 것은 발의 본질적인 능력이다. 역동적으로 강하게 달리는 선수가 되고자 한다면 반드시 저 능력이 요구되지만, 그 능력을 영리하게 사용하는 것도 필요하다"라고 말한다.

아베베 비킬라 탐구하기

맨발로 달리는 것을 지지하는 사람들은 종종 맨발로 달리기의 선구자 급인 에티오피아의 아베베 비킬라에 대해서 말하곤 한다. 그는 1960년 로마 올림픽에서 우승을 했고 그가 맨발로 달리며 고무되어 있던 모습이 찍힌 사진은 아주 유명하다. 하지만 사진 말고도 그에게는 더 많은 이야기가 있다.

비킬라는 로마 올림픽 에티오피아 대표였던 와미 비라투가 부상을 당하면서 대신 출전을 하게 되었다. 그가 선수촌으로 와서 그 당시 올림픽 신발 후원 회사였던 아디다스에서 신발을 주고자 했을 때 맞는 사이즈가 없었다. 결국 그는 1/2 인치가 작은 신발을 받게 되었다. 며칠 간 연습을 해보았지만 그는 도저히 그 신발이 불편하여 맨발로 뛰기로 결정했다. 왜 달리기를 할 때 신발이 잘 맞는 것이 중요한 요소인지를 기억하라.

대부분을 맨발로 살아왔기 때문에 그에게 맨발로 달리는 것은 그렇게 큰 문제가 되지 않았다. 1960년대 에티오피아와 케냐 변방의 아이들은 항상 맨발로 뛰었고 생활도 거의 맨발로 했다. 중학교 입학이나 첫 직장을 가질 때까지는 거의 신발을 신지 못했다. 미국 청소년들이 야구, 축구, 농구를 하듯이 그 쪽 아이들은 달리기를 해왔고 그들은 대부분 포장도로나 아스팔트가 아닌 부드러운 흙길에서 달리기를 해왔다. 비킬라는 이미 준비되어 있었던 것이다.

비록 올림픽 코스가 큰 자갈로 뒤덮인 코스여서 상대적으로 평평한 콘크리트 바닥을 뛰는 것보다는 훨씬 힘이 들었지만 그는 에티오피아의 황제 하일레셀라시에의 황실 경호원이 되고자 더한 환경에서도 달렸었다. 그는 맨발로 달려 2시간 15분 16초의 기록으로 로마 올림픽 금메달을 목에 걸었다. 그는 맨발로 달리던 자신의 방식에 집중된 이목은 깎아 내리면서 대신 조국을 치켜세웠다. 비킬라는 말했다. "나는 우리 에티오피아가 투지와 용기를 가지고 승리했다는 것을 전 세계가 알기를 바란다."

금메달을 딴 지 일 년 후 비킬라는 일본 도쿄에서 열린 마이니치 마라톤에 참가했다. 현재는 신발 회사 아식스로 알려진 오니츠카타이거 사의 설립자 키하치로 오니츠카는 비킬라와 호텔에서 만나 왜 신발을 신지 않는지에 대해 물었다. 그가 자신은 아무것도 신지 않고 맨발로 뛸 것이라고 대답을 하자 오니츠카는 일본 도로를 맨발로 다니는 것은 유리 조각, 자갈, 다른 파편들에 의해서 매우 위험하다고 주의를 주었다. 이것은 확실히 비킬라가 타이거 사의 신발을 신게 만들기 위한 전략이었다.

오니츠카는 그와 대화를 나눈 후 곧장 공장으로 돌아가 전에 만들던 것보다 더 가벼운 신발을 만들도록 지시했다. 비킬라가 신발을 신은 다음날 그는 경기에서 우승을 했고, 그 후로는 다시는 맨발로 뛰지 않았다. 에티오피아의 전설 같은 비킬라는 결국 1964년 도쿄 올림픽도 우승하며 처음으로 연속 우승을 차지한 선수가 되었다. 그는 푸마에서 제작한 신발을 신고 2시간 12분 11초라는 올림픽 세계 신기록을 수립했다.

비록 비킬라가 맨발로 달려서 유명했더라도 달리기 선수로서 그를 자세히 들여다보면 다른 것을 찾을 수 있다. 그는 대부분의 인생에서 신발을 신지 않았다. 그는 가능한 한 적은 힘을 들이고 달리기를 하도록 가르치는 오니 니스카넨 코치 밑에서 훈련을 받았다. 1960년 올림픽 마라톤을 보면 그가 매우 부드럽고 힘을 들이지 않으면서 로마 시내를 까치발로 달리는 것과 같은 자세로 달린다는 것을 알 수 있다. 그 누구도 완벽한 달리기 자세를 취하지 못했지만 비킬라는 정말 가까웠다. 그는 발 중간 부분으로 발을 디디면서 계속해서 발의 보폭 속도에 맞게 팔을 간결하게 흔들며 머리는 꼿꼿이 새우고 눈은 10m 앞을 바라보는 자세로 달렸다.

그가 가벼운 푸마 신발을 신기는 했지만, 전혀 놀랍지 않게도 1964년 올림픽에서 그는 비슷한 자세를 취했다. 그 신발은 아마 7온스 이하의 무게이면서 거의 땅과 맞닿는 듯한 두께이며 최소한으로 발을 보호는 하지만 발이 땅을 느끼는 데 지장은 없도록 만들어졌다. 1960년 대회는 맨발로 달리는 것의 예를 보여주었다면 1964년 대회에서는 적절한 신발을 신고 달리면서 효율성 있는 역학적 동작을 취하는 것의 예를 보여주었다고 할 수 있다.

맨발로 달리기에 대한 정리

그래서 어떻게 해야만 하나? 발의 생물 역학에 대해서 연구한 의사나 물리 치료사에게 발을 검사받는 것이 나쁘지 않다. 어떤 종류의 발은 맨발로 달렸을 때의 충격을 견디지 못한다. 과운동성이나 저운동성 발이나 보조 기구의 도움이 필요할 정도로 앞발의 불균형이 일어날 경우가 이에 해당한다. 또한 근육 조직, 힘줄, 인대, 피부, 발밑의 지방체 들은 강한 충격에 적응하는 데 오랜 시간이 걸리며 맨발로 달릴 때 동작을 취할 수 있는 범위가 줄어든다. 작업화나 남성 및 여성 드레스 슈즈, 카우보이 부츠 등은 뒤꿈치가 들려있기 때문에 발이 움직일 수 있는 범위를 한정시키며, 아킬레스건을 약화시키고, 발이 몸에게 보내는 피드백을 신발이 흡수해버린다. 맨발로 달리기를 조금만 하더라도 고통을 호소할 수 있고 많이 달리게 되면 족저근막염, 아킬레스건 염증, 종아리 근육 염증 등 부상을 입을 수도 있다.

맨발로 달리기를 하는 것의 원리를 보면 타당하다. 그러나 최소한으로 가벼운 신발을 신음으로써 동일한 효과를 얻을 수 있으며 당신의 발을 유리, 자갈, 파편과 같은 위험으로부터 보호해줄 수 있을 것이다. 또한 맨발로 달릴 때는 취약한 온도 변화에도 도움을 줄 수 있다. 골프장이나 모래사장 같은 부드럽고 푹신한 곳을 달릴 수 있는 것이 아니라면 가벼운 신발을 신는 것이 합리적인 대안이 될 수 있을 것이다.

요점은 맨발로 달리는 것은 모든 훈련의 일부분이 되어야 한다. 맨발로 달릴 것이라면, 책임감 있게 약한 강도로 서서히 시작하여 발과 발목이 땅에 적응하고 편안해질 수 있도록 해야 한다.

10장

자연스러운 달리기: 8주 변화 프로그램

나는 20년 이상 선수들이 효율적으로 자연스럽게 달리기를 할 수 있도록 도왔다. 사람들이 이것을 '자연스러운 달리기'라고 부르기 훨씬 이전에 또 사람들이 맨발로 달리는 것에 대해 악평을 하기 이전에, 기존의 러닝화 디자인이 무엇이 문제인지를 알기 훨씬 이전에, 나는 왜 발 중간 부분과 앞부분으로 디디는 것이 중요하고 어떻게 하는 것인지 그리고 그것이 어떻게 궁극적으로 뇌에 피드백을 전달해 최적의 달리기 자세를 취할 수 있도록 하는 것인지 달리기 선수들에게 이해시키고자 노력해왔다.

자연스러운 달리기 열풍이 다시 불기 시작하면서 콜로라도 볼더에 있는 뉴턴러닝연구소에서 정기적으로 달리기 자세 교정 수업을 진행했고 미국 전역에 있는 수많은 지점이나, 대회, 강연에 가서 진행하기도 했다. 나는 종종 이런 질문을 받았다. "누구든 자연스러운 달리기 자세로 바꿀 수 있을까요?" 나의 대답은 항상 "그렇습니다"였다. 두 명이 서로 유사점이 전혀 없더라도 둘 다 효율적인 달리기 자세로 변해 충분히 이득을 얻을 수 있다. 사람들은 몸의 형태와 크기가 다양하고 어떤 몸 유형은 다른 사람들보다 달리기에 적합한 경우도 있다. 물리학적 관점에서 보면 일정 거리를 달릴 때 몸이 무거울수록 더 많은 힘을 필요로 한다. 그러나 달리기 성과와 부상의 위험성을 줄인다는 측면에서 초점을 맞춰야 될 것은 몸의 유형이나 현재 신체 능력, 과거의 달리기 선수로서의 경험들과 관계없이 효율적으로 달리는 것을 배워야 한다는 것이다.

일반적으로 몸 상태가 좋을수록 더 뛰어난 선수가 될 수 있으며 자연스러운 달리기 자세에 대한 적응력을 높일 수 있다. 코어 근육 및 일반적인 근육의 힘을 기르는 것은 달릴 때 다리뿐만 아니라 너의 몸 전체를 움직이는 데 도움이 될 것이다. 건강하고 균형 잡힌 식단을 따르고 충분한 수분을 섭취하고, 충분한 잠을 자며 코어 근육을 기르는 것 또한 당신이 달리기 선수로서 몸을 만들어가는 데 도움이 될 것이다. 몸이 자연적으로 원하는 것을 만족시킬수록 당신은 더욱 더 발전할 수 있다.

당신이 어떤 신발을 신고 있더라도 발은 자연스러운 자세로 바꿀 수 있는 능력이 있다는 것을 기억하라. 뒤꿈치가 들리는 것 없이 땅을 잘 느끼며 달릴 수 있는 가벼운 신발에 투자하기를 강력하게 권한다. 안타깝게도 속이는 것처럼 보일 수 있지만 대부분 점원들은 경사가 있거나 뒤꿈치가 들린 신발에 대해서 아직 그 사실을 말할 준비가 되어 있지 않다. 하지만 신발을 고른다면 평평한 신발을 골라야 한다는 것을 명심하라.

자연스러운 달리기 걸음으로 바꾸는 것은 한 달이 채 걸리지 않을 수도 있지만 한 달 이상 혹은 일 년까지 걸릴 수도 있다. 사람마다 필요한 시간은 다르지만 그에 따른 보상은 정말 크다. 그렇기 때문에 인내하고 지금 무언가 되기 바로 직전이라는 것을 알아야 한다. 이것을 도전으로 받아들이면서 당신이 이것에 시간과 노력을 좀 더 부지런히 쏟아라. 자세를 바꾸는 것에서는 어떠한 지름길도 없다. 몸과 마음이 적절히 반응할 수 있는 속도를 따라서만 자연스러운 자세로 이행할 수가 있다.

이 장에서는 평균적으로 약 8주 정도 걸리는 프로그램을 소개할 것이다. 독자들은 각각 다른 능력과 경험을 가지고 있기 때문에 달리기 자세를 바꾸는 것을 모두 다르게 받아들이고 느낄 것이라는 것을 알기 때문이다. 어떤 사람들에게는 달리기가 별로 없고 점진적으로 늘려나가는 이 프로그램이 힘들다고 느껴질 수도 있다. 또 다른 사람들은 근육 강화 훈련과 자세 훈련이 굉장히 지루하게 느껴질 수도 있다. 당신이 어떻게 느끼고 좌절을 느끼는 것과는 관계없이 이것을 함으로써 더 건강해지고 튼튼해질 것이며, 효율적으로 더 달리기 생활을 오래할 것이라는 장점에 대해서 기억하라. 자연스러운 자세로 완벽하게 바뀌기 전까지는 프로그램에서 권하는 속도보다 빠르거나 더 많은 거리를 달려서는 안 된다.

당신은 누군가와 프로그램을 같이 시작할 수 있다. 당신의 훈련 과정을 보고 당신의 자세를 봐줄 수 있는 누군가가 있다는 것은 개인 코치와 함께 훈련하는 것과 같다. 파트너와 함께 생각을 공유하면서 고독할 수도 있는 훈련에 재미를 줄 수도 있다. 또한 비디오카

메라가 있다면 달리는 모습을 측면에서 촬영해 서로 비교해보자. 비디오를 보는 것은 당신의 자세를 스스로 살펴보면서 어느 부분을 향상시켜야 하는지 확인할 수 있으며 얼마나 발전해 왔는지도 볼 수 있다.

힘과 자세를 기르는 훈련의 순서는 상관이 없다. 중요한 것은 편안한 상태에서 적절한 자세로 훈련을 진행해 나가는 것이다.

자연스러운 달리기로 이행하기 가장 적절한 시기는 당신이 건강하면서 부상이 없을 때다. 부상을 가지고 있다면 프로그램을 열정적으로 시작하기 이전에 회복할 수 있어야 한다. 햄스트링 부상과 같은 일시적인 것일지라도 자연스러운 달리기 자세를 정확하게 취하는 데 영향을 미칠 수 있다.

나는 또한 당신의 발 유형과 앞발로 균형을 교정하는 것이 필요한지 확인해볼 것을 권한다. 발 앞부분에 대한 적절한 교정 없이 자연스러운 달리기로 변하고자 프로그램을 시작하는 것은 당신의 진행 속도를 늦추거나 고통과 부상을 유발할 수 있다. 균형 잡힌 발의 중요성과 달리기 움직임에 대해서 이해를 하고 있는 물리 치료사나 의사, 신발 전문가를 만나야 한다.

거리를 천천히 늘리면서 대회를 준비할 때는 아서 리디아드의 원칙을 따를 것을 추천한다(Lydiardfoundation.org 참고). 리디아드는 장거리 달리기의 고통을 조절하는 몸 상태를 자연스럽게 만들어주는 것으로 유명한 뉴질랜드의 전설적인 코치이다. 리디아드는 유산소 엔진을 강화하여 장거리 훈련에도 견딜 수 있게 되는 것이 중요하다고 강조했다. 올림픽 4회 출전 선수이자 리디아드 재단의 공동 설립자인 친구 로렌 몰러의 도움으로 나는 리디아드의 훈련 철학을 이 장의 마지막 부분에 소개해 놓았다. 8주 훈련 프로그램을 다 마친 후에 리디아드의 철학을 고려하여 추가적인 운동과 달리기 거리를 소화하면 된다.

이행 계획: 1~4주

다음은 모든 사람들을 위한 자연스러운 달리기 자세로의 이행 계획에 대한 소개이다. 표에는 매주 활동에 대한 요약을 정리해 놓았다.

1주차

- ◆ *1주차 목표*: 편안한 마음으로 달리기를 부드럽고, 가벼우며, 힘을 덜 들이며 달리는 것에 초점을 둔다.
- ◆ *달리기*: 천천히, 가벼운 속도로 매일 최대 10분을 실시한다.
- ◆ *훈련 방법*: 교대로 근육강화 훈련 2회와 자세 훈련 3회를 번갈아 가며 격일로 실시한다.

천천히 변화를 시작하며 바로 무언가를 이루겠다고 기대하지 말라. 이번 주 훈련 계획에는 달리기가 별로 없다. 대신 9장에서 소개한 근육 강화훈련과 선택된 자세 훈련에 시간을 쏟는 것이 목표이다. 유산소 능력이 떨어질까 봐 걱정이 된다면 등산, 수영, 자전거 혹은 다른 실내 유산소 운동을 하기를 권한다.

첫 주는 밑창이 가벼운 신발을 신거나 자연스러운 달리기를 위한 기능성 신발 같이 최소한의 신발을 신고 훈련하자. 시작하자마자 바로 맨발로 달리면서 훈련을 시작한다면 아직 준비가 되지 않은 근육과 연조직에 충격이 전달되면서 고통과 부상을 유발할 수 있다. 자세 훈련부터 먼저 시작하고 집 주변을 맨발로 걸어보고 일을 가거나 일상생활을 할 때는 최소한의 신발을 신도록 하라. 그렇게 하는 것이 수년간 잠들어 있던 당신의 근육을 깨우는 데 도움이 될 것이다.

어떤 운동이나 훈련을 시작하든지 간에 가벼운 준비 운동으로 근육을 먼저 활성화시키는 것이 중요하다. 또한 정적인 스트레칭보다는 움직이면서 하는 준비 운동을 권한다. 훈련을 다 하고 나면 가벼운 스트레칭에 이어서 편하게 걸으면서 몸을 식혀주는 것이 필요하다.

이번 주 훈련은 근육 강화 훈련, 특정 자세 훈련, 간단한 달리기로 이루어져있다. 근육 강화 훈련 2회를 격일로 실시하고 매 훈련에서는 천천히 정확한 동작을 하며 무게 중심을 두고 훈련을 해야 한다. 자세 훈련은 제자리에서 달리는 무릎 들어 올리기, 엉덩이 차기, 줄넘기 등에 초점을 맞춰야 한다. 핵심은 근육의 힘을 너무 많이 쓰지 않으면서 편안한 자세로 정확하게 하는 동작을 하는 것이다. 모든 동작에서는 8장에서 다룬 최적의 달리기 자세라는 측면에 집중해 훈련을 실시한다. 제자리에 서서 달리는 훈련은 가볍게 땅을 디디며 코어 근육을 사용에 다리를 들어 엉덩이 굴근으로 새로운 걸음을 시작하는 데 초점을 두어 동작을 취하도록 한다. 이번 주에 계획된 훈련들은 한쪽 다리로 버티는 훈련부터 두 발로 뛰는 줄넘기 훈련까지 다양하고 엉덩이에서 근육을 잡는 것이 어떤 느낌인지 발의 중간과 앞으로 땅을 디딜 때의 상호작용에 대한 느낌을 받는 것이 중요하다. 엉덩이 차기와 무릎 들어 올리기 훈련은 다리를 가볍게 들고 다시 땅에 가볍게 디디는 것에 대해 생각할 수 있게 될 것이다. 줄넘기 훈련을 통해서는 발을 가볍게 착지하고 무릎을 유연하게 하여 발 앞쪽을 이용해 착지하면서 편안하게 무릎과 다리 아래 근육을 사용해야 한다.

훈련 중에 가끔은 자연스러운 달리기 자세로 가벼운 조깅을 하면서 특정 훈련의 어떤 부분이 달리기 자세에서 전신 움직임과 관련이 있는지를 느껴보자. 뒤꿈치로 디딜 때와는 어떻게 느낌이 다른지를 생각해보자.

이번 주 달리기 운동으로는 직선코스를 달리거나 커브를 걸어라. 총 10분 간 편안한 자세와 부드러운 움직임으로 천천히 달려라. 직선 트랙이 따로 없다면 공원의 잔디나 흙으로 되어 있는 곳을 달려라.

10분 이상 뛰는 것을 피하라. 좋은 자세가 자리 잡기 전에 무리해서 뛰는 것은 변화를 취하는 과정에서 해롭다. 진행되는 과정에 대해서 스스로 솔직해져야 하며 때때로 어색하거나 서투르다는 느낌을 받더라도 조급해하지 말아라. 그것은 골프나 테니스, 스노보드 수업을 처음 받을 때처럼 그간 익숙하지 않던 자세로 몸을 움직이기 때문에 받는 느낌이다.

가끔은 전신 거울 앞에 서서 제자리 달리기를 하는 동작을 해보자. 적절하게 움직이고 있는지 보면서 정확하지 못한 동작을 확인하고 어떻게 고칠 수 있을지 하나하나 쪼개보도록 하라. 좋은 자세를 취하고 있는가? 어깨와 엉덩이의 높이는 적절한가? 달릴 때 상체는 꼿꼿이 세우면서 약간 앞으로 기울이고 있는가? 이런 질문들을 대답하고 그에 따라 변화를 주는 것이 당신의 자세를 바꾸는 데 많은 도움이 될 것이다.

1주차 계획

월	· 근육 강화 훈련 2회 · 자세 분석
화	· **자세 훈련 3회**: 줄넘기, 제자리 달리기, 무릎 들어 올리기, 엉덩이 차기 · 100m 달리기/걷기 10분간 반복실시
수	· 근육 강화 훈련 2회
목	· **자세 훈련 3회**: 줄넘기, 제자리 달리기, 무릎 들어 올리기, 엉덩이 차기 ·100m 달리기/ 걷기 10분간 반복실시
금	· 근육 강화 훈련 2회
토	· **자세 훈련 3회**: 줄넘기, 제자리 달리기, 무릎 들어 올리기, 엉덩이 차기 · 100m 달리기/ 걷기 10분간 반복실시
일	· 근육 강화 훈련 2회

2주차

◈ *2주차 목표:* 균형 잡고 앞으로 기울여 달리기
◈ *달리기:* 격일로 천천히 편안한 속도로 최대 15분 실시한다.
◈ *훈련 방법:* 교대로 근육강화 훈련 2회와 자세 훈련 3회를 번갈아 가며 격일로 실시한다.

가볍고 부드러운 자세로 발을 디디기 위해서 몸의 균형과 앞으로 살짝 기울이는 것이 자연스러운 달리기 역학에 전체적으로 어떤 영향을 미치는지 살펴보겠다. 계속해서 가벼운 신발을 신고 1주차에 실시했던 근육 강화 훈련과 자세 훈련을 진행하라. 그리고 팔은 뒤로 당기기, 당나귀 발차기, 몸의 균형 잡는 훈련을 추가적으로 진행한다. 이 훈련을 할 때는 몸의 균형을 잡고 몸을 살짝 앞으로 기울이는 것이 어떤 영향을 미치는지 생각하며 실시한다. 근육 강화 훈련 2회와 자세 훈련 3회는 격일간 번갈아 가며 실시하고 달리기는 일주일에 4회 15분 이내로 실시한다.

첫 번째 날에 달리기를 소화할 때는 5분은 가벼운 신발을 신고 5분은 부드러운 표면 위를 맨발로 달리고, 다시 나머지 5분은 신발을 신고 뛰도록 한다. 맨발로 달릴 때는 고등학교 안에 있는 트랙이나 잔디밭, 모래사장 위에서 뛰는 것이 좋다. 달릴 때 신발을 신고 뛰는 달리기 자세와 맨발로 뛸 때의 달리기 자세에 대해서 느껴봐라. 각각의 상황에 따라 몸이 어떻게 균형을 자연스럽게 잡는지 생각해보고, 맨발로 달릴 때는 완벽하게 자연스럽던 자세가 신발을 신으며 달릴 때는 어떻게 그 움직임에 다시 적응하고 맞춰 가는지를 보도록 하라. 달릴 때 기억해야 할 것은 네 가지가 있다. 첫째, 몸 아래에서 발의 중간과 앞부분을 이용하여 가볍게 디딘 후 다리를 들어 새로운 걸음을 시작한다. 둘째, 어깨와 엉덩이가 직각을 이룬 상태에서 몸을 살짝 앞으로 기울인다. 셋째, 팔꿈치를 90도로 구부린 후 몸 옆에서 간결하게 팔을 흔든다. 넷째, 머리를 들고 정면을 응시한다.

격일로 15분씩 실시한다. 얼마나 달리고 얼마나 빠른지는 신경 쓰지 않으며 자세에 초점을 맞춘다. 자세를 스스로 확인할 만큼 충분히 뛰었다면 15분을 안 채워도 된다. 일어났을 때 몸이 아프다면 잠시 달리기를 미뤄도 좋다. 고통은 잠자고 있던 근육이 깨면서 유발된 것일 수도 있고 몸의 근육의 염좌로 인해서 발생한 것일 수도 있다. 미세한 차이지만 그 차이를 이해하려고 하는 것 역시 중요하다. 마사지 치료사를 찾아가거나 직접 마사지 기구를 이용하여 몸의 긴장을 풀어주는 것도 중요하다.

달리기를 할 때 가장 중요한 것은 발의 중간과 앞부분을 이용하여 가볍게 디디는 것이다. 대체로 많이 실수하는 것이 발꿈치로 디디는 것이다. 발꿈치로 디디는 것은 단거리를 위한 것이고 상대적으로 새로운 걸음을 시작할 때 꽤 많은 힘으로 밀어야만 한다. 그리고 이것은 허벅지 근육 및 아킬레스건에 무리를 가하게 된다.

2주차 계획

월	• 자세 훈련 3회: 줄넘기, 제자리 달리기, 무릎 들어 올리기, 엉덩이 차기, 팔 뒤로 끌 당기기, 몸 균형 잡기, 장애물 건너뛰기, 당나귀 발차기 • 15분간 이지 런 실시
화	• 근육 강화 훈련 2회
수	• 자세 훈련 3회: 줄넘기, 제자리 달리기, 무릎 들어 올리기, 엉덩이 차기, 팔 뒤로 끌어당기기, 몸 균형 잡기, 장애물 건너뛰기, 당나귀 발차기 • 100m 달리기/걷기 15분간 반복 실시
목	• 근육 강화 훈련 2회
금	• 자세 훈련 3회: 줄넘기, 제자리 달리기, 무릎 들어 올리기, 엉덩이 차기, 팔 뒤로 끌어당기기, 몸 균형 잡기, 장애물 건너뛰기, 당나귀 발차기 • 15분간 이지 런 실시
토	• 근육 강화 훈련 2회
일	• 자세 훈련 3회: 줄넘기, 제자리 달리기, 무릎 들어 올리기, 엉덩이 차기, 팔 뒤로 끌어당기기, 몸 균형 잡기, 장애물 건너뛰기, 당나귀 발차기 • 15분간 이지 런 실시

3주차

◆ *3주차 목표*: 조금 더 재빠르고 가볍게 보폭의 속도와 자세훈련을 진행한다.

◆ *달리기*: 격일로 최대 20분 실시한다.

◆ *훈련 방법*: 교대로 근육강화 훈련 2회와 자세 훈련 3회를 번갈아 가며 격일로 실시한다.

여태까지는 자연스러운 달리기 자세가 어떤 느낌인지 알기 위해서 시작을 했다. 그러나 또한 좀 더 달리는 것이 필요하다. 급하게 하는 것은 자제하면서 장거리로 달릴 때의 장점에 대해서 생각하라. 당신이 얼마나 해왔는지 생각해보고 느리고 힘들게 진행되고 있다는 것을 발견해도 걱정하지 말라. 완벽하게 자세를 이행하기 위해서는 시간이 걸리기 마련이다. 더 길면서 많은 운동을 하기 전에 아직 적응해야 할 작은 부분 들이 많다.

3주차에서는 근육 강화훈련을 지속적으로 2회 진행하며 빠른 스키핑, 느린 스키핑과 보폭 늘리기 훈련도 추가적으로 실시한다. 준비가 되었다고 느낀다면 3회로 늘릴 수도 있다. 이 훈련들은 당신의 신경계를 재활시키기 위한 것이고 보폭 속도를 늘리기 위한 것이다. 당신이 진행하는 훈련에서 매 걸음마다 가볍고 빠르게 뛰도록 하라. 일주일에 두 번 맨발로 자세 훈련을 하는 것에서 1회를 더 추가할 수도 있지만 반드시 부드러운 표면에서 해야 한다는 사실은 잊지 말아야 한다.

이번 주 달리기는 자연스러운 달리기 러닝화를 신고 20분간 편하고 천천히 진행하며 직선 및 코너를 트랙에서 돌아라. 달리기 자세에서의 보폭 속력과 움직임을 빨리 하기 위해 자세 훈련에서 보폭을 빨리 하도록 한다. 이 말은 당신이 빨리 달려야만 한다는 것이 아니고 실제로는 빨리 달리지 말라는 것이다. 이 말은 당신이 발을 바꾸는 속도를 빠르게 하며 1분당 180걸음에 도달할 수 있도록 하라는 말이다. 1분에 몇 걸음을 걷는지 스스로 세어보거나 오른쪽 발이 15초에 23번 혹은 30초에 45번 땅에 닿는지 세어보는 간단한 테스트를 할 수도 있다. 조금씩 자세를 수정할 부분이 있으면 20분간의 달리기를 하는 동안 자주 멈추고 빠르게 보폭을 유지할 수 있도록 한다.

당신이 달리는 동안 스스로 적절한 움직임을 취하고 있는지 되물어라. 몸의 중심 아래에서 발을 가볍게 디디고 있는가? 발이 땅에 닿을 때 발목과 무릎을 유연하게 사용하고 있는가? 팔은 90도를 이루며 보폭에 맞춰서 교대로 움직이는가? 새로운 걸음을 시작할 때 미는 대신 다리를 들어 올리는가? 가장 중요한 것으로, 몸에 긴장을 풀고 달리고 있는가? 몸에 긴장을 푸는 것은 자연스럽게 달릴 때 가장 중요한 부분이다.

3주차 계획

월	· 근육 강화 훈련 2회
화	· **자세 훈련 3회:** 줄넘기, 제자리 달리기, 무릎 들어 올리기, 엉덩이 차기, 팔 뒤로 끌어당기기, 몸 균형 잡기, 장애물 건너뛰기, 당나귀 발차기, 스키핑 훈련, 보폭 훈련 · 100m 달리기/걷기 20분간 반복 실시
수	· 근육 강화 훈련 2회
목	· **자세 훈련 3회:** 줄넘기, 제자리 달리기, 무릎 들어 올리기, 엉덩이 차기, 팔 뒤로 끌어당기기, 몸 균형 잡기, 장애물 건너뛰기, 당나귀 발차기, 스키핑 훈련, 보폭 훈련 · 20분간 이지 런 실시
금	· 근육 강화 훈련 2회
토	· **자세 훈련 3회:** 줄넘기, 제자리 달리기, 무릎 들어 올리기, 엉덩이 차기, 팔 뒤로 끌어당기기, 몸 균형 잡기, 장애물 건너뛰기, 당나귀 발차기, 스키핑 훈련, 보폭 훈련 · 20분간 이지 런 실시
일	· 근육 강화 훈련 2회

4주차

- ◆ *4주차 목표*: 4주차에는 자연스러운 달리기의 효율을 증진 시키는 적절한 역학에 따라서 몸과 정신이 이어지는 것에 초점을 맞추고, 모든 훈련을 시작할 수 있다.
- ◆ *훈련 방법*: 교대로 근육강화 훈련 3회와 자세 훈련 3회를 번갈아 가며 격일로 실시한다.
- ◆ *달리기*: 일주일에 4회 최대 25분 실시한다.

자연스럽게 달리는 것은 몸과 정신이 연결된 상승 작용이 필요하다. 뉴에이지 명상 같은 것을 이야기하는 것은 아니고 당신이 달릴 때 몸의 움직임과 적절한 자세 아래에서 몸과 정신이 함께 움직이는 간단한 개념을 말한다. 몸으로는 느끼면서 뇌로는 피드백을 제공하는 것을 말한다. 몸을 통제하고 효율적이며 자연스럽게 적절한 근육을 사용해 더욱 재빠르게 움직이게 되는 것을 말한다. 몸을 로봇처럼 뻣뻣하게 움직이는 것이 아니라 감각적인 피드백을 서로 보내고 받으면서 부드럽게 달리는 것을 말한다. 달리 말해서 달리는 동안에 뇌가 반응을 하도록 만들어라. 몸이 어떻게 움직이고 있는지, 다른 움직임들과 잘 이어지고 있는지 매 걸음마다 몸이 균형을 잘 잡고 있는지를 생각하라.

몸과 마음이 연결되는 것은 단순히 정신력이 강하고 훈련이나 운동을 많이 한다고 얻어지는 것이 아니다. 이는 발이 땅과 상호작용을 하여 그 감각을 잘 활용하고 전달될 때 얻어지는 것이다. 그렇게 된다면 뒤꿈치로 디디는 것보다 훨씬 힘을 절약하는 움직임을 하면서 전신 역학을 이용해 편하고 부드럽게 움직일 수 있게 된다.

격일로 근육 강화 운동과 자세 훈련을 각각 3회씩 실시한다. 자세 훈련을 하면서 4주간 자신이 얼마나 향상되었나를 생각하라. 처음 훈련을 시작했을 때는 굉장히 어색하면서 서투르게 느꼈을 것이다. 하지만 지금은 훈련을 하면서 각각의 움직임에 대해 훨씬 더 자연스러움을 느끼고 발의 중간과 앞부분을 이용하여 빠르고 감각적인 상호작용을 하기 시작했을 것이다.

4주차는 드디어 당신이 달리는 동안 모든 것을 사용하기 시작하는 주가 되겠다. 달리는 동안에 몸과 정신이 이어지도록 신경 쓰고 발의 중간과 앞을 살짝 디디면서 빠른 보폭 속도로 달릴 때 어떻게 이 연결고리가 자연스럽게 오는 지 생각해본다. 중요한 것은 새로운 걸음을 시작할 때 밀어 올리는 것이 아니라 코어 근육과 엉덩이 굴근을 사용하여 다리를 들어 올리는 것이다. 달리다가 어떤 시점에서 뭔가 자세가 이상하고 나태해지는 것 같이 느낀다면 얼른 떨쳐버리고 계속해서 자연스러운 달리기 자세를 유지할 수 있도록 의식적으로 노력한다. 전 철인경기 챔피언인 스캇 디니의 경우는 의식적으로 숨을 고르며 팔과 어깨를 떨어트리고 다시 몸을 꼿꼿이 펴고 살짝 앞으로 기울이는 자연스러운 자세로 다시 취했다.

여전히 당신이 자세를 수정하는 데 어려움을 겪고 있다면 짧은 거리를 달리는 데에도 문제가 있는 것이다. 가벼운 신발을 신고 빨리 뛰려고 하는 것들을 잘 제어해야 한다. 계속해서 예전 습관이

나오려고 하면서 달리기를 할 때 별로 사용하지 않던 근육을 갑자기 너무 많이 사용하게 될 것이다.

이런 시기에는 비디오로 자세를 녹화해서 보는 것이 좋다. 처음 시작했을 때와의 자세를 비교해보면 자신이 그 동안 해온 것에 대해 만족감을 느낄 것이다. 그러나 새로 찍은 비디오를 볼 때 개선해야 할 점도 반드시 확인해야만 한다. 팔을 계속 90도로 유지하면서 편안하게 잘 흔들고 있는가? 몸 아래서 가볍게 발을 디디고 있는가? 달리고 있을 때 수직적인 움직임을 줄일 필요가 있는가? 당신이 비디오나 거울을 통해서 개선해야 되겠다고 느낀 점들을 훈련하면서 떠올려야 한다. 당신이 계속 더 개선해야 할 필요성을 느끼는 부분은 달리기가 끝나고 몸을 식히는 과정에서 그 부분과 관련된 훈련을 추가적으로 해주는 것이 좋다.

4주차 계획

월	· 모든 자세 훈련 3회 · 25분간 업다운 런 실시
화	· 모든 자세 훈련 3회
수	· 모든 자세 훈련 3회 · 25분간 이지 런 실시
목	· 모든 자세 훈련 3회
금	· 모든 자세 훈련 3회 · 25분간 업다운 런 실시
토	· 모든 자세 훈련 3회
일	· 모든 자세 훈련 3회 · 25분간 이지 런 실시

훈련 계획: 그 다음 단계들

　많은 선수들이 4주 동안 완벽하게 자연스러운 달리기로의 이행 과정을 소화해냈을 것이다. 어떤 사람은 몇 주 만에 완벽하게 이행할 수도 있지만 어떤 사람은 길게는 일 년이 걸릴 수도 있다. 자연스러운 달리기에 익숙해졌더라도 아직 몸에 배어든 것은 아니다. 그래서 지속적으로 시간을 투자하여 근육 강화 훈련과 자세 훈련을 하는 것이 중요하다.

　향후 4주의 훈련은 자연스러운 달리기 역학을 미세하게 조정하고 계속해서 근육 강화와 자세 훈련을 병행하고, 달리기의 횟수와 거리를 점점 늘려나가는 것으로 이루어질 것이다. 계속해서 고통을 느끼지 않는다면 달리기 거리를 점진적으로 늘려나가면서 횟수는 일주일에 5일 정도로 늘려준다. 그러나 나는 며칠은 항상 쉬어야 한다고 강력하게 말하고 싶다. 몸은 회복할 시간과 근육이 자라고 훈련으로부터의 피로에서 스스로 회복할 시간이 필요하다.

　지금까지 당신은 약 한달 간 이행 프로그램을 실시해왔고 10~15마일 달리기를 위한 달리기 자세의 절반 정도는 숙지했다고 보면 된다. 당신은 마음속으로 장거리 달리기를 하면서 오는 마음의 평화, 도전 정신, 원기 회복 등을 느끼고 싶어 할 것이다. 하지만 점진적인 발전이 없이 장거리 달리기를 지속적으로 하는 것을 삼가기 바란다. 1회에 달리는 거리의 10% 이상을 늘리지는 않기를 바라면서 지속적으로 자신의 자세에 대해 스스로 확인하는 것이 필요하다. 10%는 1주일에 달리는 전체 거리 증가량에 역시 적용된다.

속도 올리기

　우리는 모두 다른 이유를 가지고 달린다. 그러나 많은 사람들은 자신의 체력을 테스트하고 달리기 속도를 높이고자 한다. 기록을 단축하는 것은 달리는 즐거움이고 당신은 자세를 고침으로써 마치 자신에게 바퀴를 다는 것과 같을 것이다. 그러나 나는 자연스러운 달리기 자세가 익기 전까지는 12~24주짜리 하프 마라톤이나 마라톤 프로그램으로 시작하는 것을 추천하지 않는다. 대신에 기술적으로 능숙해진다면 10km 달리기 같이 짧은 거리부터 해서 점점 거리를 늘려나가는 것이 좋다.

　당신은 지속적으로 유산소 체력을 길러야 하며 운동의 강도 또한 늘리기 시작해야 한다. 모든 종류의 운동을 속도가 어떻든 간에 몸과 정신의 연결고리를 잘 활용하고 다시 예전 버릇으로 돌아가지 않도록 신경 쓰는 것이 중요하다. 빠르게 운동을 하면서 가장 흔하게 하는 실수가 바로 새로운 걸음을 시작할 때 땅을 근육의 힘으로 밀고자 하는 것이다. 그러나 빨리 달리기 위해 가장 중요한 것은 보폭의 속도를 늘리고 매 걸음마다 다리를 들어 올리는 것이다.

　5~8주차 훈련에 나는 당신의 체력을 올리고 자연스러운 달리기로 지속적인 이행을 가능케 할 예시 프로그램을 구성해 놓았다. 이

것은 당신이 몇 주간 배워 온 것을 확장시키기 위한 필수적인 방법이다. 앞으로 4주 훈련의 마지막 부분에서 당신은 10km 달리기를 소화할 준비가 되어 있을 것이다.

오르막과 내리막 달리기와 같이 더 빠른 운동과 파틀렉 달리기 훈련은 당신의 전체적인 체력 상태를 향상시킬 것이지만 너무 빠른 시간에 많이 해서는 안 된다. 이러한 이유로 나는 짧고 빨리 달리는 인터벌 프로그램은 집어넣지 않았다.

앞으로 이어질 4주차 훈련에서 역시 근육 강화 및 자세 훈련이 이어질 것이다. 끈질기게 반복하는 것만이 당신의 근육이 자세를 기억하고 나아가 자연스러운 달리기를 기억할 수 있게 만들 것이다. 다음의 표는 예시일 뿐이고 당신의 스케줄에 맞게 가변적으로 활용할 수 있다. 당신이 근육 강화 훈련과 자세 훈련을 하는 날은 퍼트리게 계획하면서 빠른 운동을 연속적으로 하는 것은 피하도록 한다. 또한 매주 식이요법을 나머지 시간에 넣어주는 것도 필요하다. 그 말은 당신이 달리기는 하지 않는 1주일에 1~2일 정도 기간에 식이요법을 하라는 것이다. 물론 그 날에 수영, 자전거타기, 체육관 운동 등과 같은 교차 훈련은 원한다면 할 수는 있다. 그러나 몸이 쉴 시간이 필요하다는 것과 훈련으로 인해서 받은 스트레스를 몸이 어떻게든 보상 받고자 한다는 것을 잊지 말아야 한다.

5주차 계획

월	· 휴식
화	· 모든 자세 훈련 3회 · 25분간 업다운 런 실시
수	· 모든 자세 훈련 3회 · 모든 근육 강화 훈련 3회 · 20분간 이지 런 실시
목	· 모든 자세 훈련 2회 · 30분간 이지 런 실시
금	· 모든 자세 훈련 3회 · 모든 근육 강화 훈련 3회 · 교차 훈련
토	· 40분간 이지 런 실시
일	· 모든 근육 강화 훈련 3회 · 30분간 이지 런 실시

6주차 계획

월	· 휴식
화	· 모든 자세 훈련 3회 · 15분간 템포 런 실시
수	· 모든 자세 훈련 3회 · 모든 근육 강화 훈련 3회 · 20분간 이지 런 실시
목	· 모든 자세 훈련 2회 · 30분간 이지 런 실시
금	· 모든 자세 훈련 3회 · 모든 근육 강화 훈련 3회 · 교차 훈련
토	· 자세 훈련 · 30분간 업다운 런 실시
일	· 모든 근육 강화 훈련 3회 · 30분간 이지 런 실시

7주차 계획

월	· 휴식
화	· 모든 자세 훈련 3회 · 25분간 파틀렉 런 실시
수	· 모든 자세 훈련 3회 · 모든 근육 강화 훈련 3회 · 20분간 이지 런 실시
목	· 모든 자세 훈련 2회 · 30분간 이지 런 실시
금	· 모든 자세 훈련 3회 · 모든 근육 강화 훈련 3회 · 교차 훈련
토	· 45분간 이지 런 실시
일	· 모든 근육 강화 훈련 3회 · 30분간 업다운 런 실시

8주차 계획

월	· 휴식
화	· 모든 자세 훈련 3회 · 20분간 템포 런 실시
수	· 모든 자세 훈련 3회 · 모든 근육 강화 훈련 3회 · 20분간 이지 런 실시
목	· 모든 자세 훈련 2회 · 30분간 이지 런 실시
금	· 모든 자세 훈련 3회 · 모든 근육 강화 훈련 3회 · 교차 훈련
토	· 45분간 이지 런 실시
일	· 모든 근육 강화 훈련 3회 · 25분간 파틀렉 런 실시

달리기 훈련의 종류

이지 런

준비 운동 후 1번 존의 속도로 어느 곳이든 일정하게 달린다. 이지 런은 달리는 사람이 회복을 하고 유산소 지구력을 기를 수 있게 느린 속도로 달리는 것이다. 이지 런은 자신의 자연스러운 달리기 역학을 관찰할 수 있는 가장 쉬운 유형이지만 뒤꿈치로 달리는 과거의 습관으로 다시 돌아가기도 가장 쉬운 달리기 유형이다. 발의 앞부분과 중간 부분으로 디디면서 천천히 달리는 것에 초점을 맞추며 빠른 보폭속도와 간결하게 팔을 흔들고 전신은 자연스러운 운동 역학에 따라 이루어질 수 있게 신경을 써야 한다.

업다운 런

준비 운동 후 달리기 첫 번째 부분을 느리고 편안한 자세 혹은 1번 존의 속도로 달린다. 그리고 3분 정도 2번 존이나 3번 존의 속도로 조금 빠르게 올린다. 그 다음에는 처음 했던 부분과 동일한 거리를 천천히 편안하게 달린다. 중간 부분에서는 약간 더 빠르게 달린다. 물론 자연스러운 달리기 자세는 계속 유지한다. 예를 들면 25분간 업다운 런을 실시할 때 11분은 천천히 편안하게 달리고, 3분은 템포 런으로 11분은 다시 천천히 편안하게 달리는 것이다.

파틀렉 런

준비 운동 후 거리는 짧지만 1번 존의 속도와 3번 존의 속도를 번갈아 가면서 실시한다. 당신은 각각의 부분에 대해 같은 거리를 달릴 수 있다. 예를 들면 2분은 빠르게 달리고 2분은 느리게 달리는 것이다. 혹은 1~3분 사이에서 달리는 거리를 다르게 할 수 있다. 물론 이때 빠르게 달리는 부분과 느리게 달리는 부분이 결국은 일치해야 한다.

템포 런

템포 런은 적당히 빨리 달리는 속도를 유지하면서 더 길게 달리는 것이다. 주로 2번 존과 3

달리기 속도

1번 존: 회복 속도

3~5시간 이상 달릴 수 있을 정도로 매우 느리게 달리는 것이다. 전형적으로 준비 운동을 위해서 달리거나, 회복을 할 때, 마무리 운동을 할 때 달리는 방식이다. 심장 박동은 자신의 최대치에서 약 60~70% 정도 되는 속도이며 강도는 최대 10점에서 2~5점에 해당되는 정도이다.

2번 존: 유산소 훈련 속도

최대 2시간까지 소화할 수 있다. 이 속도는 당신의 유산소 능력을 향상시키면서 더 긴 거리를 달릴 수 있도록 해준다. 대략 최대 심박 수의 70~80%에 해당하며 운동 강도는 5~7점에 해당되는 정도이다.

3번 존: 무산소 역치 속도

60초에서 몇 분간 지속될 수 있다. 이 속도는 당신의 속도 지구력을 향상시켜주면서 유산소 능력이 바탕이 되었을 때 빨리 달릴 수 있게 해준다. 대략 최대 심박 수의 80~90%에 해당하며 운동 강도는 7~9점에 해당되는 정도이다.

4번 존: 최대산소섭취량 속도

10~60초 정도로 정말 짧은 시간만 지속 가능한 속도이다. 최대 심박 수는 90~100%에 해당하며 운동 강도는 9~10점에 해당되는 정도이다.

번 존 사이의 달리기라고 생각하면 된다. 준비 운동이 끝난 후 계획된 시간에 맞게 적당한 템포 페이스를 유지하며 달린다. 빠르게 달리는 다른 운동과 마찬가지로 자연스러운 달리기 자세를 유지하며 새로운 걸음을 시작할 때 과도한 근육의 힘으로 땅을 미는 것을 피한다.

심박 수 훈련 범위

당신의 심박 수 훈련 범위를 정하는 방법은 다양하게 있지만 가장 쉬운 방법은 최대 심박 수를 측정하는 공식을 이용하는 것이다. 측정하는 공식은 매우 다양하지만 2010년 현재 가장 널리 활용되는 것은 다음과 같다.

남성: 210-나이의 1/2-몸무게의 5%+4
여성: 210-나이의 1/2-몸무게의 1%+0

예를 들면, 당신이 40살의 남성이면서 몸무게가 150파운드라고 가정해 보면 공식을 다음과 같이 활용할 수 있다.

210-20(50%×40years)-7.5+4(남성)=최대 심박 수는 분당 186.5가 된다.

다음은?

8주가 지난 후 당신은 자연스러운 달리기로의 이행 과정이 계속적으로 더 필요할 수도 있고 그렇지 않을 수도 있다. 당신이 꽤 효율적으로 달리기 시작했다 하더라도 평생 동안 배운 것을 유지하기 위해서는 지속적으로 노력하는 것이 필요할 것이다. 골프를 치는 사람이 스윙을 계속하는 것이나 피아노 치는 사람이 피아노 연습하는 것과 전혀 다를 것이 없다. 대회를 위해 달리기 거리를 늘려가기 시작할 때라도 계속해서 일주일에 여러 번 근육강화 훈련과 자세 훈련은 실시하라.

그렇다면 어떻게 더 많은 훈련이 필요한 지 알 수 있을까? 안전한 바닥에서 신발을 신고 달리는 것과 맨발로 달리는 것의 자세를 비교해 보아라. 맨발로 뛰는 것과 신발을 신고 달릴 때 같은 감각이 느껴지는가? 어떤 특정 부위의 근육이나 조직이 아프거나 피로하지 않은가? 매 걸음마다 사뿐히 착지하고 발을 떼는 것이 느껴지는가? 혹은 여전히 과도한 근육의 힘을 사용하여 발을 밀어 올리는 것이 느껴지는가?

진행 과정에 대해서 혼란스럽거나 교착상태에 빠진다면 그 동안 발 생물 역학과 자연스러운 달리기 물리학과 최적의 달리기 자세에 대해서 배워왔던 것을 돌이켜 보아라. 중요한 정신과 몸의 연결은 자연스러운 달리기로의 변화가 용이해지기 위해서 일어나야만 하다는 것을 기억하라. 오랫동안 해왔던 버릇은 버려야 하고 아이였을 때 그랬던 것처럼 몸은 다시 달리는 것을 연습해야 한다. 자연스러운 달리기 원칙을 따르고 근육 강화 훈련 및 자세 훈련을 끊임없이 반복하면서 당신은 좀 더 효율적이고 자연스러운 달리기 선수로 변화 할 수 있을 것이다. 그러나 당신이 자연스러운 달리기를 습득하고자 시작하더라도 그것이 잘 되지 않을 수도 있다. 어떤 운동이든 특별한 기술이 필요하듯이 효율적인 달리기 선수가 되려거든 연습과 강인한 힘, 적절한 훈련이 동반되어야 한다.

자세 교정하기

결함	개선방법
과도하게 내딛기	걸음을 짧게 하고, 보폭 속도를 늘리고, 살짝 몸을 앞으로 기울인다.
몸의 중심 앞에서 내딛기	몸 중심 아래서 디딘다.
발가락으로 착지하거나 발가락을 아래쪽으로 가리키기	발의 중간 부분과 앞부분으로 착지한다.
과도한 힘을 이용해 발가락으로 밀어 올리기	발(무릎)을 들어올려서 발을 몸 아래에 위치시킨다.
뒤꿈치로 디디기	중심 아래서 디디고 짧은 보폭과 보폭 속도를 늘린다.
발이 바깥쪽 혹은 안쪽으로 휨	발을 반드시 앞으로 바르게 향하도록 위치시킨다.
팔과 엉덩이 등이 좌우로 움직임	모든 몸의 움직임이 앞뒤로 이루어질 수 있도록 한다.
과한 수직적 움직임	보폭을 더 짧게 하고, 보폭의 속도는 빠르게 하며 몸은 앞으로 기울인다.
아래로 내려다 보기	정면을 응시한다.
발을 큰 소리로 내딛기	조용하며 가볍게 충격을 절제하며 디딘다.

리디아드 방법

아서 리디아드는 자연스러운 달리기 지도자의 원조 격인 사람이다. 뉴질랜드에서 온 이 전설적인 중장거리 달리기 코치는 점차적으로 선수의 자연스러운 에너지 체계를 발달시키고 특정 날짜에는 최고점을 찍고 나머지 날에는 휴식과 회복에 집중하는 날짜 구분을 통해 달리기 선수의 상태를 최적화시켰다. 세계에 어떤 다른 장거리 코치도 리디아드처럼 이렇게 많이 열성적인 추종자들을 보유하고 있지 않다. 800m 이상의 달리기 대회를 위해 현대 선수들이 연습을 할 때는 최고의 코치 및 장거리 선수들도 모두 그의 기본 원리를 사용한다. 리디아드 훈련의 최고 강점은 그냥 완주에 의의를 두는 사람부터 세계적인 선수들까지 능력에 상관없이 모든 사람에게 적용이 될 수 있다는 것이다.

리디아드의 훈련은 인내를 많이 하는 것을 바탕으로 시작한다. 거리를 늘려가며 천천히 오래 뛰면서 몸의 유산소 엔진이 향상되는 것이 바탕이 된다. 그 후에는 뒤꿈치 달리기로부터 얻는 힘과 인터벌 러닝을 하면서 얻는 속도가 바탕이 된다. 그의 시스템은 감각을 바탕으로 하는 훈련을 강조한다. 그것은 마치 다양한 훈련을 통해 그들의 속도와 노력을 마음속의 코치인 본능을 이용하여 측정하는 것이다. 1950년대와 1960년대 그가 지도하던 선수들은 쿠션이나 보호 장치가 없는 가볍고 유연한 신발을 신었다. 그 당시에는 그것이 가능했을 뿐만 아니라 그런 신발이 자연스러운 자세로 달리게 만들어주며 땅을 인지하는 감각을 향상시키고 충격과 속도를 조절할 수 있게 해주기 때문이다.

다음에 이어지는 부분에서는 리디아드의 방법으로 훈련하여 올림픽을 4회 출전했으며 후일 리디아드 재단을 설립한 로레인 몰러에 의해 발전된 리디아드의 5가지 훈련 원리에 대해서 설명할 것이다. (리디아드 훈련 프로그램에 대한 더 많은 방법은 www.go2lydiard.com에서 확인할 수 있다.)

원리 1: 유산소 능력을 극대화하라

아서 리디아드는 일 분 이상 지속되는 달리기는 선수의 유산소 시스템에서 얻은 힘을 이용하여 달린다고 생각했다. 그렇기 때문에 유산소 시스템을 향상시키는 것이 리디아드의 훈련 피라미드에서 가장 아랫부분에 위치하는 것이다. 가장 아랫부분은 다른 훈련들이 진행될 수 있게 하는 가장 기본적인 훈련이다. 유산소 시스템을 향상시킬 때는 주로 유산소 능력 범위 내에서 편안하게 지속적으로 뛰어야 한다. 유산소 시스템을 향상시키는 것은 폐, 심장, 호흡기관, 순환기관 등의 산소 운반 부위는 물론 더 나아가 달리기를 더 오래 하고 빠르게 할 수 있는 능력까지도 향상시켜준다.

산소 운반 부위가 발달되고 따라서 산소 활용 능력이 더욱 커진다면 훈련하고 회복하고 더 효율적, 효과적으로 달릴 수 있는 기반이 더 잘 마련된 것이다. 간단히 말하면 잠재적으로 제한적인 요소들이 과사용 부상을 일으킬 수 있는 확률을 높일 수는 있겠지만, 더 달릴수록 더 많은 유산소 수용력을 기를 수 있다는 것이다. 바탕을 잘 닦았다면 뒤에서 소개하듯이 힘과 속도 등을 기른다. 리디아드는 '기본이 튼튼할수록 더 많이 올라갈 수 있다'라고 전파했다. 이 말은 유산소 능력이 충분히 갖춰져 있어야 새로운 단계에 달리기로 도달할 수 있다는 것이다. 유산소 능력이 충분하다면 적절한 회복과 함께 더 강한 강도의 훈련을 할 수 있으며 좀 더 빨리 달릴 수 있게 될 것이다. 달리 말하면 산소 섭취량이 클수록 더 많은 에너지를 생성하고 더 오래 운동을 지속할 수 있다는 것이다.

유산소는 훈련 프로그램 시작 단계에서부터 향상시킬 수 있고 몇 년간에 걸쳐서 훈련을 할 때도 지속적으로 향상시킬 수 있다. 반대로 당신이 얼마나 무산소 운동을 열심히 하던 간에 한 번 한계에 도달하면 그 한계를 뛰어넘을 수는 없다. 당신이 젖산을 견디는 능력이 더 늘어나지는 않기 때문이다. 그렇기 때문에 유산소 시스템을 향상시키는 것이 어느 단계에 도달한 선수이던 중요하다고 할 수 있다. 10km나 하프 마라톤, 마라톤을 준비할 시간이 없다면 유산소 존 내에서 달리는 거리를 늘려 나감으로써 유산소 능력을 향상시키는 것이 굉장한 도움이 될 것이다.

원리 2: 감각 기반의 훈련

감각 기반의 훈련은 훈련이나 달릴 때 최고의 능력을 끌어내기 위해 정확하게 몸의 자연적인 신호를 읽어내는 훈련이다. 훈련 코치이며 달리기 선수이며 작가인 조지 시한은 달리기 연습은 하나의 실험이다. 훈련을 하는 많은 방법이 있지만 당신의 신체 조건을 보완할 수 있는 운동을 알아내는 것이 필요하며 이 말은 적절하게 훈련하고 회복할 수 있도록 당신의 몸이 하는 신호를 읽어내는 것이 반드시 필요하다는 것이다.

오늘날 선수들은 그들의 훈련을 위해서 초시계, 심박 측정기, 속도와 거리를 재는 GPS를 포함하여 수많은 장비를 사용한다. 몰러는 이러한 장비들은 보조적으로 사용해야 하며 여기에 의존을 하는 것은 주의해야 한다고 말했다. 장비가 제공해주는 정보를 보며 몸이 자연스럽게 당신에게 말하는 것을 이해하는 것의 감각적인 능력을 대신할 수도 있다. 하지만 그 정보를 바탕으로 달리기를 하거나 혹은 너무 느리게 달리는 것보다는 그 정보를 무시하고 몸이 스스로 무슨 말을 하는지 들으면서 달리는 것이 좋다.

훌륭한 코치들은 몸과 정신의 연결을 통해 내적인 교감을 발달시키라고 말한다. 움직임이 부진하거나 피곤한 것을 느낀 적이 있는가? 어떤 속도에서 쉽게 달리거나 어렵게 달리는 것을 느낀 적이 있는가? 리디아드는 선수들에게 자기 능력의 1/2에서 3/4 정도를 사용하여 달릴 것을 조언한다. 그리고 그 느낌이 어떤 지를 선수들이 알고, 느끼라고 지도한다. 몰러는 "시간이 걸리겠지만 선수들은 몸과의 관계를 형성하면서 신체의 생리학을 마치 마음속의 코치처럼 느낄 때 선수들은 좀 더 효율적으로 훈련하고, 회복하고, 달릴 수 있을 것이다. 모두에게 딱 맞는 프로그램은 존재하지 않는다. 당신은 무엇이 당신에게 적합한지 몸의 소리에 귀를 기울여야 한다"고 말한다.

원리 3: 반응-통제 적응

리디아드는 모든 스트레스는 훈련하면서 몸에 영향을 미치고, 훈련 효과가 나타나기 위해서는 적당한 회복시간이 필요하다고 주장했다. 우리 몸은 훈련할 때 생리학적으로 발전하지 않고 우리가 쉴 때 나타나기 때문이다. 그 말은 당신이 체력 좋은 것과는 관계없이 '많이 할수록 좋다'는 말은 절대적으로 맞지 않고 반드시 향상이 될 것이라는 예상도 절대적이지는 않다. 당신은 훈련과 휴식 사이의 균형을 잡아야 한다.

반응-통제 적응은 이러한 균형을 잡아주는 방법이고 훈련과 적절하게 적응을 하는 것에 대한 당신의 반응을 확인하는데 도움이 될 것이다. 이것은 운동의 스트레스로 몸이 적당히 긴장할 수 있게 하며 충분하게 휴식을 취할 수 있게 하고 몸이 어떻게 반응을 할지 결정하며 당신이 훈련에 적응할 수 있도록 하는 것을 포함한다. 준비가 되기 전에 몸이 스트레스를 받는다면 오히려 당신이 향상되는 것에 역효과를 불러일으킬 것이다. 이것은 감각을 기반으로 이루어지는 과정이기 때문에 몸의 신호를 읽는 것이 필요하다. 내가 회복이 되었나? 내가 피곤한가? 내 몸이 다시 스트레스를 받아도 되는가? 지난 훈련을 최대로 소화했는가? 감정 기반의 훈련이기에 반응-통제 적응과 관련하여 배우는 데 학습곡선이 있다. 깼을 때 휴지 심박 수를 체크하는 것으로 당신이 완전히 회복했는가를 확인할 수 있다. 하지만 당신이 몸의 자연스러운 리듬을 익힌다면 휴식이 더 필요한지, 운동할 수 있는 몸 상태가 되었는지 본질적으로 느낄 수 있게 된다.

"내 생체학에 대해서 알게 될 때, 나는 절대로 휴식을 취하는 것에 대해서 염려하지 않았고 힘든 대회가 끝나고 부상에서 몸이 회복되는 것을 기다렸다. 더 열심히 할수록 극복할 수 있을 것이라는 생각은 정말로 위험하다. 오히려 이는 과도한 훈련을 하게 만들며 회복이 계속적으로 덜 되게 된다. 이 원리에서 강조하는 것은 몸의 균형을 찾는 것이 필요하다는 것이다."

원리 4: 에너지 체계의 순차적인 발전

리디아드 훈련 피라미드 모형을 보면 각 부분은 선행하는 부분 위에 올려져 있다. 단계적으로 피라미드를 올라가면 더 강도가 높은 다른 부분들을 실행해야 한다. 이렇게 순차적으로 몸의 에너지 체계를 발전시키는 것이 당신의 피라미드 모형의 끝 부분인 최대 능력을 수행할 수 있도록 만들어 줄 것이다. 당신은 유산소 능력을 기르는 것부터 시작하지만 몸이 그 훈련에 익숙해지면 향상되는 속도가 느려지기 시작할 것이다. 그 시점이 바로 몸이 다음 단계인

4-6주간의 근육 강화 훈련을 시작할 만한 준비가 되었다는 것이다. 그 시점부터 당신의 몸은 인터벌 훈련을 통한 4-6주 훈련을 시작할 준비 상태가 된 것이다. 그 후에는 800m 대회든 26.2마일의 마라톤이든 특정 대회를 위한 속도 훈련을 위해 몸의 상태를 만들어 가기 시작할 수 있다. 마지막 단계는 조화이다. 이는 대회 준비 시간에 있던 격차를 메워주는 단계이다. 이 단계에서는 당신은 좀 더 속도 훈련이 필요한지 훈련에 대한 인내가 필요한 지 몸의 소리에 귀를 기울여야 한다. 몰러는 말한다. "최대의 성과를 내기 위해서는 모든 단계가 똑같이 중요하다. 리디아드는 종종 반만 구워진 케이크를 먹고 싶어 하는 사람이 없듯이 훈련도 반만 해서는 안 된다고 말했다."

원리 5: 시기선택이 가장 중요하다.

어느 훈련 프로그램이든 성공은 훈련하는 사람이 피라미드 제일 꼭대기 단계에 다다르도록 만드는 것이고 최대의 능력을 낼 수 있도록 기회를 제공해주는 것이다. 선수가 대회 날 최고의 능력을 발휘하는 것은 변수가 굉장히 다양하지만 그 능력을 발휘 할 수 있는 기회를 만드는 것은 적절한 시기선택과 순차적인 훈련 단계가 있지 않고서는 불가능하다. 순차적인 훈련에 대한 리디아드의 개념은 일반적으로 시간 구분이라고 말하는 것과 적절하게 선수의 능력이 대회 날에 발휘될 수 있도록 적절한 시간에 적절한 유형의 훈련을 하는 것을 말한다. 한 가지 훈련에 대해서 너무 많이 하거나 너무 적게 하는 것은 혹은 적당한 양을 잘못된 시기에 하는 것은 과도한 훈련, 부족한 회복 시간, 만족스럽지 못한 결과를 불러일으킬 수 있다. 궁극적으로 리디아드 피라미드가 도달해야 되는 최고의 결과는 원하는 대회 날부터 프로그램을 시작하는 날로 거꾸로 시간을 각 단계에 배분해야 한다. 더불어 이 방법은 선수가 훈련 도중 어느 시점이든 이해를 하고 시각화 할 수 있게 정신적으로 예측을 가능케 한다.

평생 지속되는 자연스러운 달리기

당신은 아마 덜 부상을 당하면서 더 강하고 효율적인 달리기 선수가 되고자 이 책을 골랐을 것이다. 기존의 자세를 많이 바꿔야 하는 어떤 개념의 경우 처음에는 굉장히 이상하면서 급진적으로 느꼈을 수도 있다. 그러나 지금까지 살펴보면서 자연스러운 달리기는 실제로 단순하고 직관적인 개념이라는 것을 알게 되었을 것이다. 이는 기존의 러닝화를 벗고 어떤 표면이든 발 중간과 앞으로 디디는 걸음을 할 수 있게 만드는 맨발 혹은 가벼운 신발을 가지고 달리는 것이다.

자연스러운 달리기에 적응하는 것은 어렵지는 않지만 기존의 자세를 새롭게 바꿔야 한다는 점에서 초점을 맞춰야 한다. 당신의 달리기 역학을 이해하고 발전시키고자 할 때 가벼운 신발을 신어주는 것이 자연스러운 달리기 걸음에 더 적합하다. 근육 강화 훈련과 기술적인 훈련을 지속적으로 실시하는 것은 자신이 더 향상되는 과정의 부분이다.

  자연스러운 달리기로의 변화는 당장 시작할 수도 있고, 그 변화는 평생 동안 유지될 것이다. 세부적인 것까지 적응하는 데는 시간이 걸리지만 이는 당신을 더 강하고, 건강하며, 더 빠른 달리기 선수가 되도록 만들어줄 것이다. 그것 이상으로 당신은 그 동안 잊고 있던 달리기에 대한 즐거움을 다시 느낄 수 있을 것이다. 그러니 끈기를 가져라. 한 번 자연스럽게 달리는 것을 배운다면 단순히 그 날 하루뿐만이 아니라 일생 동안 더 빠르고, 건강하게 달릴 수 있을 것이다.

참고문헌

References

Balk, Malcolm. 2009. *Master the Art of Running.* London: Collins & Brown.

Boston Athletic Association (BAA). n.d. bostonmarathon.org.

Christie, Pattie. 2009/2010. Telephone interviews by Danny Abshire and Brian Metzler.

Cucuzzella, Mark. 2009/2010. Telephone and personal interviews by Brian Metzler. Boulder, CO.

Cucuzzella, Mark, and West Virginia University. 2007. ChiRunning Survey. www.chirunning.com.

De Wit, Brigit, et al. 2000. Biomechanical analysis of the stance phase during barefoot and shod running. *Journal of Biomechanics* 33: 269–78.

Dicharry, Jay. 2009/2010. Telephone and personal interviews by Brian Metzler. Boulder, CO.

Dreyer, Danny. 2009. Interview by Brian Metzler. December.

Hartner, Chris. 2009/2010. Telephone and personal interviews by Brian Metzler.

Hasegawa, Hiroshi, T. Yamauchi, W. J. Kraemer. 2007. Foot strike patterns of runners at 15-km point during an elite-level marathon. *Journal of Strength Conditioning Research* 21 (3): 888–893.

Heiderscheit, Bryan C. 2010. Effects of step rate manipulation on joint mechanics during running. *Medicine & Science in Sport & Exercise* 56–59.

Kerrigan, D. Casey, Jason R. Franz, Geoffrey S. Keenan, Jay Dicharry, Ugo Della Croce, and Robert P. Wilder. 2009. The effect of running shoes on lower extremity joint torques. *Physical Medicine and Rehabilitation* 1 (12): 1058–63.

Lieberman, D. E., M. Venkadesan, W. A. Werbel, A. I. Daoud, S. D'Andrea, I. S. Davis, R. O. Mang'eni, and Y. Pitsiladis. 2010. Foot strike patterns and collision forces in habitually barefoot versus shod runners. *Nature* 463: 531–35.

McDougall, Christopher. 2009. *Born to Run: A Hidden Tribe, Superathletes, and the Greatest Race the World Has Never Seen*. New York: Knopf.

Moller, Lorraine. 2010. Telephone interview by Brian Metzler.

New York Road Runners (NYRR). n.d. nyrr.org.

Robbins, S. E., et al. 1987. Running-related injury prevention through barefoot adaptations. *Medicine & Science in Sports & Exercise* 19: 148–46.

Roberts, Amy. n.d. Abstract of unpublished study. Newtonrunning.com.

Rodgers, Charlie. 2010. Telephone interview by Brian Metzler. May 7.

Running USA. 2010 Marathon, Half Marathon and State of the Sport Report. www.runningusa.org.

Ryan, Michael B., Gordon A Valiant, Kymberly McDonald, and Jack E Taunton. 2010. The effect of three different levels of footwear stability on pain outcomes in women runners: A randomised control trial. *British Journal of Sports Medicine* (June). http://bjsm.bmj.com/content/early/2010/06/26/bjsm.2009.069849.abstract?sid=6f514a1a-667b-444d-8689-e6bd8d7ca4ab.

Shorter, Frank. 2010. Telephone interview by Brian Metzler. May 3.

Sports Goods Manufacturers Association (SGMA). 2010. *2010 SGMA Sports & Fitness Participation Topline Report*. www.sgma.com/reports.

Squadrone, R., and C. Gallozzi. 2010. Biomechanical and physiological comparison of barefoot and two shod conditions in experienced barefoot runners. *The Journal of Sports Medicine and Physical Fitness* 49 (1): 6–13.

Stefanyshyn, D. J., et al. 2000. Energy and performance aspects in sport surfaces. *Sporterletzung-Sportschaden* 14: 82–89.

Tabata, Izumi, Kouji Nishimura, Motoki Kouzaki, Yuusuke Hirai, Futoshi Ogita, Motohiko Miyachi, and Kaoru Yamamoto. 1996. Effects of moderate-intensity endurance and high-intensity intermittent training on anaerobic capacity and VO$_2$max. *Medicine & Science in Sports & Exercise* 28 (10): 1327–30.

Van Mechelen, Willem. 1994. Injuries in running. *Clinical Practice of Sports Injury Prevention and Care*, 421–44. London: Blackwell Scientific Publications.

Van Middelkoop, M., J. Kolkman, J. Van Ochten, S. M. A. Bierma-Zeinstra, and B. Koes. 2008. Prevalence and incidence of lower extremity injuries in male marathon runners. *Scandinavian Journal of Medicine & Science in Sports* 18 (2) (April): 140–44.

Wilk, B., S. Nau, and B. Valero. 2009. Physical therapy management of running injuries using an evidenced-based functional approach. *American Medical Athletic Association Journal* (January): 36–38.

Recommended Reading

Balk, Malcolm. *Master the Art of Running.* London: Collins & Brown, 2009.

Dreyer, Danny, and Katherine Dreyer. *ChiRunning: A Revolutionary Approach to Effortless, Injury-Free Running.* New York: Simon & Schuster, 2004.

Heggie, Jack. *Running with the Whole Body: A 30-Day Program to Running Faster with Less Effort.* Berkeley: North Atlantic Books, 1996.

Lydiard, Arthur, and Garth Gilmour. *Run the Lydiard Way.* London: Hodder & Stoughton, 1978.

Lydiard, Arthur, and Garth Gilmour. *Running with Lydiard.* 2nd ed. London: Meyer & Meyer Sport, 2000.

McDougall, Christopher. *Born to Run: A Hidden Tribe, Superathletes, and the Greatest Race the World Has Never Seen.* New York: Knopf, 2009.

Murphy, Sam, and Sarah Connors. *Running Well.* Champaign, IL: Human Kinetics, 2008.

Romanov, Nicholas, with John Robson. *Dr. Nicholas Romanov's Pose Method of Running.* Miami: Pose Tech Press, 2004.